# From Japanese English to Natural English

## 3ステップ式
## 日常英語ライティング・リスニング

TAKAKO TAKAMOTO

FRANK BAILEY

KAIBUNSHA LTD
TOKYO

## ✦ まえがき ✦

次の和製英語のうち、アメリカ人にも通じるものはどれでしょうか？

> ペットボトル、ワイシャツ、コンパ、マークシート、コイン・ランドリー、ホッチキス、アクセル、ゼミ、キーホルダー （答えはページ下部）

たくさんある和製英語の中でどれが通じる言葉でどれが通じない言葉なのかを知っておけば、英語の勉強をするうえでおおいに役立ちそうですね。そんな発想から生まれたのが本書です。身近な言葉について勉強することにより、楽しく、効率よく英語を学びましょう。（本書ではアメリカ英語を対象としています。）

また、本書では英作文練習をスムーズに行うことができるよう、三段階式の問題構成にしました。

単語を学ぶ ⇒ 単語を使ったフレーズを作る ⇒ フレーズを作った英文を作る

このように、少しずつ新しい要素をつけ加えることにより、無理なく英作文の力をつけられるよう配慮しました。文法事項についても、Unit が進むにつれて新しい要素が加わるような問題構成にしました。巻末付録として文法事項の解説もつけています。必要に応じて参照してください。

英作文練習のあとにはリスニング練習もあります。実際の日常会話で使われそうな表現満載です。リスニング問題を解いたあとはダウンロードした音声に合わせて一緒に発音練習をしてみましょう。また、身近なものを表す英単語を、リスニング練習も兼ねてなるべくたくさん覚えましょう。

本書を使ってみなさんが楽しく英語を勉強してくれることを願っています。最後になりましたが、本書の作成にあたっては開文社出版社長の安居洋一氏、イラストを描いてくれた鈴木文生氏にたいへんお世話になりました。川口健太氏には今回もおしゃれなカバーをデザインしていただきました。また、この教科書作成にあたっては、同じく開文社出版による『知っておきたい英語表現』（木村ゆみ・Margaret Yamaguchi 著）がたいへん参考になりました。この場を借りてお礼申し上げます。

平成 26 年 10 月

著者一同

（冒頭の質問の答え： 通じるのはペットボトルとコイン・ランドリーです。）

音声ダウンロード（無料）は

**http://www.kaibunsha.co.jp/download/15159**

音声は上記URLから無料でダウンロードできます。自習用としてご活用ください。

- URLは検索ボックスではなくアドレスバー（URL表示枠）に入力してください。
- PCからのダウンロードをお勧めします。スマートフォンなどでおこないますと、3G回線環境ではダウンロードできない場合があります。

# 目　次

| | | | |
|---|---|---|---|
| Unit 1 | Naive な人は繊細？　鈍感？ | （基本動詞　① be） | 1 |
| Unit 2 | Pants はパンツ？　ズボン？ | （基本動詞　② have） | 5 |
| Unit 3 | 人間もドック入り？ | （基本動詞　③ get） | 9 |
| Unit 4 | Shoe cream は食べられる？ | （基本動詞　④ give） | 13 |
| Unit 5 | Mansion は分譲アパート？　豪邸？ | （基本動詞　⑤ take） | 17 |
| Unit 6 | Stove を置くのは居間？　台所？ | （基本動詞　⑥ turn） | 21 |
| Unit 7 | ビニール袋はプラスチック？ | （基本動詞　⑦ put） | 25 |
| Unit 8 | ノルマはどこから来た言葉？ | （基本動詞　⑧ make） | 29 |
| Unit 9 | Text は教科書？　メールを打つこと？ | （基本動詞　⑨ learn / study） | 33 |
| Unit 10 | Bargain は行くもの？　見つけるもの？ | （基本動詞　⑩ find） | 37 |
| Unit 11 | Viking は海賊料理？ | （基本動詞　⑪ ask） | 41 |
| Unit 12 | Trump はトランプ？　切り札？ | （基本動詞　⑫ play / practice / go） | 45 |
| Unit 13 | Silver seat は銀の席？ | （基本動詞　⑬ look / see / watch） | 49 |
| Unit 14 | 笑えない conte ってあるの？ | （基本動詞　⑭ listen / hear） | 53 |
| Unit 15 | Revenge は誰にするもの？ | （基本動詞　⑮ come / go） | 57 |

| | | |
|---|---|---|
| 巻末付録Ⅰ | 不規則動詞の活用 | 61 |
| 巻末付録Ⅱ | 助動詞 | 63 |
| 巻末付録Ⅲ | 接続詞 | 64 |
| 巻末付録Ⅳ | to- 不定詞（名詞用法）・動名詞 | 66 |
| 巻末付録Ⅴ | to- 不定詞（形容詞用法・副詞用法・その他の用法） | 67 |
| 巻末付録Ⅵ | 受動態 | 68 |
| 巻末付録Ⅶ | 使役構文 | 69 |
| 巻末付録Ⅷ | 比較 | 70 |

# Unit 1
# Naive な人は繊細？ 鈍感？

✦✦✦ この Unit では人の性格や感情などを表す言葉について学ぼう！

## STEP 1 どっちが正しい英語？ 🎧2

音声を聴いて、1~10のカタカナ英語に対する正しい英語表現は (A) と (B) のどちらか考えよう。
そのあとで 4 ページ下部の正解を見て答え合わせをしよう。

1. ナイーブ（＝ 傷つきやすい）　　　(A)　　(B)
2. ロマンチスト　　　　　　　　　　(A)　　(B)
3. ヤンキー（＝ 不良少年・少女）　　(A)　　(B)
4. フェミニスト（＝ 女性に優しい）　(A)　　(B)
5. 話がワンパターン　　　　　　　　(A)　　(B)
6. エッチな話　　　　　　　　　　　(A)　　(B)
7. ラブラブ　　　　　　　　　　　　(A)　　(B)
8. エネルギッシュな　　　　　　　　(A)　　(B)
9. テンションが低い　　　　　　　　(A)　　(B)
10. ハイな気分　　　　　　　　　　　(A)　　(B)

### 基本動詞を学ぼう　① be

Be 動詞には主に 4 つの意味・役割がある。

① 「ある、いる」 She is in the kitchen. 〈存在〉を表す。
② 「～である」（形容詞・名詞などを伴って）　This is my umbrella.
③ -ing を伴って、進行形を作る「～している（最中である）」、「～するつもりだ〈近未来〉」
　　例) She is reading today's paper.
④ 過去分詞を伴って、受動態を作る「～された（されている）」
　　例) This book is written in English.

**Let's Try!** (　　) に be 動詞の現在形を書き入れ、上の①~④のどれに当てはまるか考えよう。
1. I (　　　) a college student. (　　)
2. We (　　　　) leaving for London tomorrow. (　　)
3. The post office (　　　　) in front of the station. (　　)
4. All the passengers (　　　　) seriously injured. (　　)

# STEP 2　英作文ウォーミングアップ

まずは〈人称〉・〈時制〉・〈文の種類〉について簡単におさらいをしておこう。

1~4 の英文を ①~③ の指示にしたがって書き換えよう。

1. I am a student.
    ① I を you に換えて　　　　　..................................................................
    ② I を he に換えて　　　　　..................................................................
    ③ am を過去形に換えて　　　..................................................................

2. They are friends.
    ① 疑問文に　　　　　　　　　..................................................................
    ② 否定文に　　　　　　　　　..................................................................
    ③ for 10 years を加えて、現在完了形に
    　　　　　　　　　　　　　　..................................................................

3. I study English every day.
    ① every day を now にして現在進行形に
    　　　　　　　　　　　　　　..................................................................
    ② every day を tomorrow にして will を用いた未来形に
    　　　　　　　　　　　　　　..................................................................
    ③ for 2 years を加えて、現在完了進行形に
    　　　　　　　　　　　　　　..................................................................

4. He goes to the library every day.
    ① every day を yesterday にして過去形に
    　　　　　　　　　　　　　　..................................................................
    ② 疑問文に　　　　　　　　　..................................................................
    ③ He を We に換えて　　　　..................................................................

# STEP 3　英作文にチャレンジ！

4ページ下部の1~10の英語表現を参考にして、次の日本文を英語にしよう。

11. 彼はナイーブだ。

　　........................................................................................

12. 私の姉はロマンチストだ。

　　........................................................................................

13. 彼の友だちはみなヤンキーだ。

　　........................................................................................

14. 私の彼はフェミニストではありません。（boyfriend）（否定文で）

　　........................................................................................

15. 父の話はいつもワンパターンだ。

　　........................................................................................

16. この本にはエッチな話がたくさんある。(there are ~, a lot of ~)

　　........................................................................................

17. ケンとヨシコはラブラブですか。（疑問文で）

　　........................................................................................

18. 私はエネルギッシュな気分だ。（現在進行形を用いて）

　　........................................................................................

19. 弟は昨日からテンションが低い。（現在完了進行形を用いて）

　　........................................................................................

20. ハイな気分ですか。（現在進行形を用いて）

　　........................................................................................

## Listening Practice 🎧3

音声を聴いて、(　　　)に書き入れよう。

Joan:　Hey, Tracy, have you ¹(　　　　　) Jason, the new guy in our class? He's cute.

Tracy:　Yes! He held the door for me when I came into class.

Joan:　Very ²(　　　　　)！ Not like your old boyfriend. He wasn't so nice!

Tracy:　Ha ha! No, he was handsome, but he was kind of a ³(　　　　　). And he had a one-track mind. A dirty mind!

Joan:　You look kind of hyper. Are you in love with Jason? Just ⁴(　　　　　) he held the door open?

Tracy:　No, no…well, maybe I like him a bit. I guess I'm kind of a ⁵(　　　　　)！

## Vocabulary 🎧4

問1, 2の(A)〜(E)の英訳は何だろうか。音声を聴いて答えの番号を書き入れよう。

問1　(A)黄色（　） (B)白（　） (C)水色（　） (D)真紅（　） (E)青（　）

問2　(A)緑（　） (B)茶色（　） (C)灰色（　） (D)黒（　） (E)紫（　）

---

**英語豆知識　英文は語順が命！**

Taro loves Hanako. / Hanako loves Taro.

２つの意味は正反対だ。日本語ではどうだろうか。

　太郎は花子を愛している。／花子を太郎は愛している。

「は」と「を」を入れ替えれば、語順を逆にしても、意味は変わらない。このように日本語では助詞が主格と目的格のちがいをはっきりさせることができるが、英語では語順がすべてである。

---

**p.1 Step 1　どっちが正しい英語？――正解**

1. (B) sensitive　2. (A) romantic　3. (B) delinquent　4. (A) chivalrous
5. (B) always talk about the same thing　6. (A) dirty story　7. (B) in love
8. (A) energetic　9. (A) feel low　10. (B) feel hyper

# ◆ Unit 2 ◆
# Pants はパンツ？ ズボン？

◆◆◆ この Unit ではファッションに関する言葉を学ぼう！

## STEP 1 どっちが正しい英語？

音声を聴いて、1~10のカタカナ英語に対する正しい英語表現は(A)と(B)のどちらか考えよう。
そのあとで 8 ページ下部の正解を見て答え合わせをしよう。

1. チャックを上げる　　　　　　　　(A)　　(B)
2. フリーサイズ　　　　　　　　　　(A)　　(B)
3. パンティストッキング　　　　　　(A)　　(B)
4. ズボン　　　　　　　　　　　　　(A)　　(B)
5. ワンピース　　　　　　　　　　　(A)　　(B)
6. スパッツ　　　　　　　　　　　　(A)　　(B)
7. ノースリーブ　　　　　　　　　　(A)　　(B)
8. ジャンパー　　　　　　　　　　　(A)　　(B)
9. ミシン　　　　　　　　　　　　　(A)　　(B)
10. （服を）リフォームする　　　　　(A)　　(B)

---

### 基本動詞を学ぼう　② have

Have の基本的な意味は「持っている」だが、後ろに前置詞句を足したりすれば、いろいろな意味を表すことができる。

例 1) 私は髪が長い。→ 私は長い髪を持っている。I have long hair.
例 2) このエプロンにはポケットが 2 つついている。
　　　→ このエプロンはポケットを 2 つ（くっついた状態で）持っている。
　　　　This apron has two pockets <u>on</u> it.

**Let's Try!**　（　）に適当な語を書き入れよう。

1. このハガキには切手が貼ってない。
　　This postcard (　　　) no stamps (　　　) it.
2. この雑誌には漫画が載っていない。
　　This magazine (　　　) no cartoons (　　　) it.
3. その老人はパイプをくわえていた。
　　The old man (　　　) a pipe (　　　) his mouth.
4. 彼のセーターはひじに穴があいていた。
　　His sweater (　　　) a hole (　　　) the elbow.

# STEP 2  英作文ウォーミングアップ

1~10の英語表現とヒントの語群を参考にして、次のフレーズを英語にしよう。
*文ではないので、小文字で書き始めること。

11. スカートのチャックを上げる。
    (          ) up the (          )

12. フリーサイズのセーター
    (                    ) sweater

13. パンストが伝線する
    (          ) a run in the (          ) (          )

14. ズボンを裏返しに履く
    (          ) the (          ) inside out

15. ワンピースをボタンでとめる
    (          ) up the (          )

16. 黒いスパッツを2足買う
    get two (          ) of black (          )

17. ノースリーブのブラウスを着て学校に行く
    (          ) a (          ) blouse to school

18. ジャンパーのポケットから財布を出す
    (          ) one's wallet out of the pocket of one's (          )

19. ミシンで洋服を作る
    (          ) clothes with a (          ) (          )

20. 古い着物をリフォームしてイブニング・ドレスにする
    (          ) an old kimono (          ) an evening dress

---

ヒント:  button   pair   have   into   make   skirt   take   wear

# STEP 3　英作文にチャレンジ！

11~20 の英語表現を参考にして、次の日本文を英語にしよう。

21. スカートのチャックを上げなさい。（命令文で）

　　..................................................................................................................

22. これはフリーサイズのセーターですか。

　　..................................................................................................................

23. 失礼ですが、パンストが伝線していますよ。（Excuse me, but ~）

　　..................................................................................................................

24. 彼はズボンを裏返しに履いています。（現在進行形を用いて）

　　..................................................................................................................

25. 彼女はワンピースのボタンをとめた。（過去形を用いて）

　　..................................................................................................................

26. 昨日この店で黒いスパッツを2足買いました。（過去形を用いて）

　　..................................................................................................................

27. 昨日トレイシーはノースリーブのブラウスを着て学校に行きました。（過去形を用いて）

　　..................................................................................................................

28. 彼はジャンパーのポケットから財布を取り出した。（過去形を用いて）

　　..................................................................................................................

29. 母はミシンで洋服を作ることができます。（巻末付録Ⅱを参考にして）

　　..................................................................................................................

30. この古い着物をリフォームしてイブニング・ドレスにしてくれませんか。
　　　　　　　　　　　　　　　　　　　　　　　　　（巻末付録Ⅱを参考にして）

　　..................................................................................................................

## Listening Practice 🎧6

音声を聴いて、(　　) に書き入れよう。

Anne: Susan, what will you ¹(　　　　) to the party tonight?
Susan: Something my mom made. She remade an old kimono into a sleeveless dress!
Anne: Wow, I didn't know she knew how to ²(　　　　).
Susan: Oh, yes, her sewing machine is always ³(　　　　). She has just finished working on these pants I'm wearing.
Anne: What did she do?
Susan. She replaced the ⁴(　　　　) with a zipper.
Anne: So now you can just zip them up instead of buttoning them! That's a good ⁵(　　　　).

## Vocabulary 🎧7

問 1, 2 の (A)~(E) の英訳は何だろうか。音声を聴いて答えの番号を書き入れよう。

問 1　(A) 傘（　）　　(B) パジャマ（　）　　(C) セーター（　）
　　　(D) コート（　）　(E) 手袋（　）

問 2　(A) 帽子（　）　(B) ワイシャツ（　）　(C) トレーナー（　）
　　　(D) 下着（　）　(E) くつ下（　）

---

**英語豆知識　使い回せる便利な言葉**

「くつを履く」、「帽子をかぶる」、「服を着る」、「めがねをかける」など、日本語では身に着けるものが何かによって「～を」の後の言葉がちがってくるが、英語ではすべて wear、すなわち「身に着ける」のひとことですむ。

また、英語では名詞と動詞が同じ形であることが多いので、考えようによっては、英語はとても覚えやすい言語だ。たとえば、button は「ボタン」、「ボタンをかける」で表せる。ほかにも、bottle は「瓶」、「瓶に詰める」、water は「水」、「(植物に) 水をやる」、など多数ある。今度から何か名詞を辞書で調べるときには、ついでに動詞としても使われるのかどうか確認しよう。

---

**p.5 Step 1　どっちが正しい英語？――正解**

1. (A) zip up   2. (B) one-size-fits-all   3. (B) panty hose   4. (A) pants   5. (B) dress
6. (A) tights   7. (B) sleeveless   8. (A) jacket   9. (B) sewing machine   10. (B) remake

# ◆ Unit 3 ◆
## 人間もドック入り？

◆◆◆ この Unit では健康に関する言葉を学ぼう！

## STEP 1 どっちが正しい英語？ 🎧8

音声を聴いて、1〜10のカタカナ英語に対する正しい英語表現は(A)と(B)のどちらか考えよう。そのあとで12ページ下部の正解を見て答え合わせをしよう。

1. 人間ドック　　　　　　　　　(A)　　(B)
2. カルテ　　　　　　　　　　　(A)　　(B)
3. レントゲン　　　　　　　　　(A)　　(B)
4. ギプス　　　　　　　　　　　(A)　　(B)
5. ヘルスメーター　　　　　　　(A)　　(B)
6. ホームドクター　　　　　　　(A)　　(B)
7. ダイエットする　　　　　　　(A)　　(B)
8. エステ　　　　　　　　　　　(A)　　(B)
9. スタイル（＝容姿）　　　　　(A)　　(B)
10. ノイローゼ　　　　　　　　　(A)　　(B)

---

### 基本動詞を学ぼう　③ get

Get については次の4つの意味を覚えておくとよい。

① 「(人のために) 〜を手に入れる」【get (+ 人) + 物】
　I got a ticket for the concert yesterday.

② 「移動する」【get + (前置詞 to など) + 場所などを表す言葉】
　I got to the station at 7:00 p.m. / He got out of a tight spot.

③ 「(〜の状態に) なる・する」【get (+ 人または物など) + 〈状態〉を表す形容詞】
　Don't get angry. / She got dinner ready.

④ 「(人に) 〜させる〈使役〉」【get + 人 +to- 不定詞】
　I got my secretary to write the letter for me.

**Let's Try!** 次の1〜5の英文の get はそれぞれ上の① 〜 ④のうちどの意味か考えよう。
1. Our teacher got us to translate all those sentences into English. (　　)
2. He got injured in the war. (　　)
3. My uncle got me a part-time job. (　　)
4. I'll get there in about half an hour. (　　)
5. I don't want to get into trouble with him. (　　)

# STEP 2　英作文ウォーミングアップ

1~10の英語表現とヒントの語群を参考にして、次のフレーズを英語にしよう。
　*文ではないので、小文字で書き始めること。

11. 人間ドックを受ける
　　(　　　　　) a (　　　　　　) (　　　　　　)

12. カルテに書き込む
　　(　　　　　) in a (　　　　　　) (　　　　　　)

13. レントゲン検査を受ける
　　(　　　　　) an (　　　　　　)

14. 右腕にギプスをはめる
　　(　　　　　) the right arm in a (　　　　　) (　　　　　)

15. ヘルスメーターで体重を測る
　　(　　　　　) oneself on a (　　　　　) (　　　　　)

16. ホームドクターの診察を受ける
　　(　　　　　) one's (　　　　　) (　　　　　)

17. ダイエットをやめる
　　get off one's (　　　　　)

18. エステサロンでエステをする
　　(　　　　　) a treatment at a (　　　　　) (　　　　　)

19. スタイルがいい
　　(　　　　　) a good (　　　　　)

20. ノイローゼを治す
　　(　　　　　) over one's (　　　　　)

ヒント：　consult　　fill　　get　　have　　put　　weigh

# STEP 3 英作文にチャレンジ！

11~20 の英語表現を参考にして、次の日本文を英語にしよう。

21. 明日人間ドックを受けるつもりです。(be going to+ 動詞の原形)

   ..................................................................................................

22. その医者はカルテに書き込んでいる最中だ。(現在進行形を用いて)

   ..................................................................................................

23. レントゲン検査を受けなければならない。(巻末付録Ⅱを参考にして)

   ..................................................................................................

24. その医者は私の右腕にギプスをはめた。(過去形を用いて)

   ..................................................................................................

25. 私は毎日ヘルスメーターで体重を測ります。(現在形を用いて)

   ..................................................................................................

26. スーザンは毎月ホームドクターの診察を受ける。(現在形を用いて)

   ..................................................................................................

27. 彼女は昨日ダイエットをやめた。(過去形を用いて)

   ..................................................................................................

28. ジョーンは先週の日曜日エステサロンでエステをした。(過去形を用いて)

   ..................................................................................................

29. 君はスタイルがいいのでうらやましい。(envy+ 人 + 物，your good figure)(現在形を用いて)

   ..................................................................................................

30. 彼はどうやってノイローゼを治したのですか。(過去形を用いて)

   ..................................................................................................

## Listening Practice 🎧9

音声を聴いて、(　　)に書き入れよう。

Tom: Hey Jake, ¹(　　　　) go out for dinner.
Jake: I can't…I can't eat dinner tonight
Tom: Why, are you on a diet? You're already ²(　　　　).
Jake: No, I'm not on a diet! I have to go to the hospital tomorrow for a complete ³(　　　　). My family doctor said I need one.
Tom: Oh, I see. Maybe tomorrow night?
Jake: Sure, sounds good! I'll be ⁴(　　　　).
Tom: Don't forget to smile for the ⁵(　　　　)!
Jake: Ha ha, OK!

## Vocabulary 🎧10

問1, 2の(A)~(E)の英訳は何だろうか。音声を聴いて答えの番号を書き入れよう。

問1 (A)胃(　) (B)肺(　) (C)肝臓(　) (D)腎臓(　) (E)腸(　)

問2 (A)脳(　) (B)骨(　) (C)筋肉(　) (D)神経(　) (E)細胞(　)

---

**英語豆知識　前置詞に注意**

前置詞はただ何となく使うのではなく、どれを使えばよいのか常によく考えよう。たとえばon a bathroom scaleにおけるonは「~の上に」であることから、この句全体は「ヘルスメーターに乗って」という意味になる。
また、onとoffはそれぞれ〈接触〉と〈分離〉を表し、反意語となっていることから、go on a dietは「ダイエットを始める」、get off a dietは「ダイエットをやめる」の意味になる（この場合のgetは「移動する」の意味）。電気製品のスイッチがon/offと表示されるのも同じ理屈だ。

---

**p.9 Step 1　どっちが正しい英語？——正解**
1. (B) complete physical   2. (B) patient's chart   3. (A) X-ray   4. (B) plaster cast
5. (B) bathroom scales   6. (A) family doctor   7. (B) go on a diet
8. (B) beauty salon   9. (B) figure   10. (A) neurosis

# Unit 4
# Shoe cream は食べられる？

✦✦✦ この Unit では食べ物に関する言葉を学ぼう！

## STEP 1　どっちが正しい英語？　🎧 11

音声を聴いて、1～10のカタカナ英語に対する正しい英語表現は(A)と(B)のどちらか考えよう。そのあとで16ページ下部の正解を見て答え合わせをしよう。

1. アイス（クリーム）　　　　　　(A)　　(B)
2. カロリーオフのビール　　　　　(A)　　(B)
3. オムライス　　　　　　　　　　(A)　　(B)
4. アメリカン・コーヒー　　　　　(A)　　(B)
5. サニーレタス　　　　　　　　　(A)　　(B)
6. ピーマン　　　　　　　　　　　(A)　　(B)
7. アメリカン・ドッグ　　　　　　(A)　　(B)
8. 牛ミンチ　　　　　　　　　　　(A)　　(B)
9. カステラ　　　　　　　　　　　(A)　　(B)
10. シュークリーム　　　　　　　　(A)　　(B)

---

### 基本動詞を学ぼう　④ give

「私は～をあげた（さしあげた）」、「彼が～をくれた（くださった）」、「私は～をもらった（いただいた）」など、日本語は主語によって言葉を変えるが、英語では give（与える）/ be given（与えられる）ですべて表すことができる。

次の2つの形をとることが多いので、区別できるようにしよう。
　give 目的語（人）+ 目的語（物）（第4文型）
　give 目的語（物）+ to 人（前置詞句）（第3文型）
　＊受身は「人 +be given+ 物（+by ~）」、「物 +be given+ to 人（+by ~）」

**Let's Try!** （　）に適当な語または語句を入れよう。
1. 父が私にネックレスをくれた。　My father (　　　　　) me a necklace.
2. 私は父からネックレスをもらった。　I (　　　　　) a necklace by my father.
3. 私は息子の誕生日に時計をあげた。　I (　　　　　) my son a watch for his birthday.
4. 私は先生から本をいただいた。　I (　　　　　) a book by my teacher.

# STEP 2　英作文ウォーミングアップ

1~10の英語表現とヒントの語群を参考にして、次のフレーズを英語にしよう。
*文ではないので、小文字で書き始めること。

11. アイスをなめる
　　（　　　　　）（　　　　　　　）（　　　　　　　）

12. カロリーオフのビールを飲んでみる
　　（　　　　　）（　　　　　　　　　　） beer

13. オムライスを注文する
　　（　　　　　　） a rice （　　　　　　　）

14. アメリカン・コーヒーが好きだ
　　（　　　　　　） weak （　　　　　）

15. サニーレタスを水洗いする
　　（　　　　　　） red-leaf （　　　　　）

16. ピーマンをみじん切りにする
　　（　　　　　　） a green （　　　　　）

17. アメリカン・ドッグを揚げる
　　（　　　　　　） a （　　　　　） dog

18. 牛ミンチを100グラム計る
　　（　　　　　　） 100 grams of （　　　　　） beef

19. カステラを5つに切り分ける
　　（　　　　　）（　　　　　　　） cake into five （　　　　　　）

20 おみやげにシュークリームをあげる
　　（　　　　　　） some （　　　　　　） puffs as a （　　　　　　）

---

ヒント：　chop　　cut　　fry　　lick　　like　　measure　　order　　piece
　　　　　rinse　　souvenir　　try

# STEP 3　英作文にチャレンジ！

11~20 の英語表現を参考にして、次の日本文を英語にしよう。

21. 歩きながらアイスをなめてはいけません。（while walking）（命令形を用いて）

   ................................................................................................................

22. カロリーオフのビールを飲んでみましょうか。（巻末付録Ⅱを参考にして）

   ................................................................................................................

23. オムライスを注文したいのですが。（巻末付録Ⅳを参考にして）

   ................................................................................................................

24. 濃いコーヒーよりアメリカン・コーヒーの方が好きだ。
   　　　　　　　　　　　　　　　　（better, strong coffee）（巻末付録Ⅷを参考にして）

   ................................................................................................................

25. そのサニーレタスを水洗いしましたか。

   ................................................................................................................

26. ピーマンを1個みじん切りにしてください。

   ................................................................................................................

27. 母がアメリカン・ドッグを揚げてくれた。（for me）

   ................................................................................................................

28. 牛ミンチを200グラム計って、このボールに入れてください。
   　　　　　　　　　　　　　　　　（put ~ in this bowl）（巻末付録Ⅲを参考にして）

   ................................................................................................................

29. このカステラを7つに切り分けることができますか。（巻末付録Ⅱを参考にして）

   ................................................................................................................

30. おみやげにシュークリームをもらいました。（巻末付録Ⅵを参考にして）

   ................................................................................................................

## Listening Practice 🎧12

音声を聴いて、(　　) に書き入れよう。

Ben: Hey, Hiro, I heard you went to Nagasaki last ¹(　　　　　).

Hiro: Yes, and I brought you a souvenir! It's called *castella*. Nagasaki is famous for it.

Ben: Oh, ²(　　　　　) cake! It looks really good. Did you eat any other famous foods?

Hiro: No…it was a quick business trip, and we ate at the hotel restaurant. Spaghetti Bolognese and a rice ³(　　　　　)…kind of boring.

Ben: Want to go to the ⁴(　　　　　) with me tonight? They have corn dogs!

Hiro: OK, but those have a lot of fat…. I'd better drink low-calorie ⁵(　　　) with them!

Ben: Ha ha! Good idea!

## Vocabulary 🎧13

問1, 2 の (A)~(E) の英訳は何だろうか。音声を聴いて答えの番号を書き入れよう。

問1　(A) ブロッコリー (　)　(B) レタス (　)　(C) かぼちゃ (　)
　　 (D) かぶ (　)　(E) にら (　)

問2　(A) きゅうり (　)　(B) 細ネギ（わけぎ）(　)　(C) なす (　)
　　 (D) オクラ (　)　(E) ほうれんそう (　)

---

**英語豆知識　数えられるかどうか**

beer や coffee を英和辞典で調べると、Uという表示がある。これは uncountable（数えられない）を表している。U,Cとあるときは、uncountable としてみなされる場合と、countable（数えられる）としてみなされる場合があるということを意味する。英語では物などの名前が数えられるかどうかを必ずはっきりとさせないといけない。beer や coffee は液体なので、ふつう数えられない名詞としてみなされる。英作文で名詞を使うときには気をつけよう。

---

**p.13 Step 1　どっちが正しい英語？――正解**

1. (A) ice cream　2. (B) low-calorie beer　3. (A) rice omelette　4. (B) weak coffee
5. (B) red-leaf lettuce　6. (B) green pepper　7. (A) corn dog　8. (A) ground beef
9. (A) sponge cake　10. (B) cream puff

# ◆ Unit 5 ◆
# Mansion は分譲アパート？ 豪邸？

◆◆◆ この Unit では学校生活に関する言葉を学ぼう！

## STEP 1  どっちが正しい英語？ 🎧14

音声を聴いて、1～10のカタカナ英語に対する正しい英語表現は(A)と(B)のどちらか考えよう。そのあとで20ページ下部の正解を見て答え合わせをしよう。

1. ゼミ (A) (B)
2. ペーパーテスト (A) (B)
3. マークシート方式の問題 (A) (B)
4. カンニングをする (A) (B)
5. （運動部の）マネージャー (A) (B)
6. ワンダーフォーゲル部 (A) (B)
7. コンパ (A) (B)
8. アルバイトをする (A) (B)
9. ワンルームマンション (A) (B)
10. OB (A) (B)

---

### 基本動詞を学ぼう ⑤ take

Take の基本的な意味は「取る」である。次の4つの意味を覚えておくとよいだろう。

① 「(手に)取る、受け取る、引き受ける」⇔ give「与える」（例）Take my advice.
② 「持っていく」⇔ bring「持ってくる」（例）Take me to the baseball game.
③ 「選ぶ」（例）I'll take this. How much?
④ 「必要とする、（時間などが）かかる」（例）It takes 20 minutes to walk to school.

**Let's Try!** 次の1~5の take はそれぞれ上の①~④のうちどの意味か考えよう。

1. This bus will take you to the airport. (　)
2. This bed will take three people to carry. (　)
3. You can take either a bus or a train. (　)
4. Take responsibility for what you did. (　)
5. Someone has taken my umbrella. (　)

# STEP 2 英作文ウォーミングアップ

1~10の英語表現とヒントの語群を参考にして、次のフレーズを英語にしよう。
*文ではないので、小文字で書き始めること。

11. ベイリー教授のゼミに出る
    ( attend ) Professor Bailey's ( seminar )

12. ペーパーテストを受ける
    ( take ) a ( paper ) ( test )

13. マークシート方式の問題を解く
    ( solve ) a ( mark-sheet ) ( question )

14. 試験でカンニングをする
    ( cheat ) on an ( exam )

15. マネージャーをする
    ( work ) as a ( manager )

16. ワンダーフォーゲル部に入る
    ( join ) a ( hiking ) ( club )

17. コンパに参加する
    ( attend ) a ( party )

18. レストランでアルバイトをする
    ( work ) ( part-time ) at a ( restaurant )

19. ワンルームマンションを借りる
    ( rent ) an ( efficiency ) ( apartment )

20. OBに寄付を頼む
    ( ask ) a ( graduate ) for a ( donation )

ヒント： ask   attend   donation   exam   join   rent   restaurant
        solve   take   work

# STEP 3 英作文にチャレンジ！

11~20 の英語表現を参考にして、次の日本文を英語にしよう。

21. ベイリー教授のゼミに出ていますか。

..................................................................................................

22. 明日数学のペーパーテストを受けます。

..................................................................................................

23. ベンはヒロと同じ数だけマークシート方式の問題を解くことができた。
(be able to- 不定詞)（巻末付録Ⅷを参考にして）

..................................................................................................

24. 試験でカンニングをしてはいけません。（命令文で）

..................................................................................................

25. 私の甥は高校生のときサッカー部のマネージャーをしていました。
(soccer club, high school student)（巻末付録Ⅲを参考にして）

..................................................................................................

26. ワンダーフォーゲル部に入りませんか。（巻末付録Ⅱを参考にして）

..................................................................................................

27. 放課後バイトをしないといけないので、今夜のコンパには参加できません。
（巻末付録Ⅱ, Ⅲを参考にして）

..................................................................................................

28. 私の姪は週に2日、レストランでアルバイトをしています。

..................................................................................................

29. 大学を卒業したら、ワンルームマンションを借りるつもりです。
(graduate from ~)（巻末付録Ⅲを参考にして）

..................................................................................................

30. 「OBの人たちに寄付を頼みましたか」「はい、でもことわられました」(turn down)
（巻末付録Ⅵを参考にして）

..................................................................................................

## Listening Practice 🎧 15

音声を聴いて、(　　) に書き入れよう。

Kevin: Hi Jane! Did you take the exam for Dr. Smith's ¹(　　　　)?

Jane: Yes. It was easy! It was a ²(　　　　) exam, and mostly multiple-choice questions

Kevin: That's great. If you don't know an ³(　　　　), you can guess! What will you do this weekend? I'm going to a party with friends from my part-time job.

Jane: I'm going to a game with the baseball team. I'm a coach's ⁴(　　　　).

Kevin: Well, see you next ⁵(　　　　) at the hiking club meeting!

Jane: See you!

## Vocabulary 🎧 16

問1, 2の (A)〜(E) の英訳は何だろうか。音声を聴いて答えの番号を書き入れよう。

問1　(A) 数学 (　)　(B) 生物学 (　)　(C) 化学 (　)　(D) 物理学 (　)
　　(E) 天文学 (　)

問2　(A) 歴史学 (　)　(B) 地理学 (　)　(C) 社会学 (　)　(D) 文学 (　)
　　(E) 経済学 (　)

---

**英語豆知識　他動詞か自動詞か**

英和辞典の動詞の項目には必ず、他、自、または vt., vi. などの表示がついている。これはそれぞれ「他動詞」、「自動詞」を表している。他動詞は目的語を伴う動詞、自動詞は目的語を伴わない動詞である。その両方として用いられる動詞もある。たとえば attend は他動詞である。ゆえに、I attended the meeting. とは言えても、I attended to the meeting. とすると間違いになる。動詞を使うときには必ず辞書の例文などを見て確認しよう。

---

**p.17 Step 1　どっちが正しい英語？——正解**
1. (A) seminar　2. (B) written exam　3. (A) multiple-choice problem　4. (A) cheat
5. (A) coach's assistant　6. (A) hiking club　7. (B) party　8. (B) work part-time
9. (B) efficiency apartment　10. (B) graduate

# ◆ Unit 6 ◆
# Stove を置くのは居間？ 台所？

✦✦✦ *この Unit では電気製品に関する言葉を学ぼう！*

## STEP 1　どっちが正しい英語？

音声を聴いて、1〜10のカタカナ英語に対する正しい英語表現は(A)と(B)のどちらか考えよう。
そのあとで 24 ページ下部の正解を見て答え合わせをしよう。

1. 電気スタンド　　　　　　　　(A)　　(B)
2. 電気ストーブ　　　　　　　　(A)　　(B)
3. クーラー　　　　　　　　　　(A)　　(B)
4. インターホン　　　　　　　　(A)　　(B)
5. 炊飯ジャー　　　　　　　　　(A)　　(B)
6. 電子レンジ　　　　　　　　　(A)　　(B)
7. コンセント　　　　　　　　　(A)　　(B)
8. ホットカーペット　　　　　　(A)　　(B)
9. 電気ポット　　　　　　　　　(A)　　(B)
10. DVD デッキ　　　　　　　　(A)　　(B)

---

### 基本動詞を学ぼう　⑥ turn

Turn は主に「回す」（他動詞）と「回る」（自動詞）の意味を持つ。

例）turn on the heater = turn the heater on　　副詞 on は動詞の直後または目的語の直後。

＊ただし、目的語が代名詞の場合は必ず代名詞の後に turn を置く。
　○ turn it on　　× turn on it

**Let's Try!**　1〜5の(　　)に入れるべきもっとも適当な副詞を下のヒントから選んで入れよう。

1. turn (　　　　) the switch　　スイッチを入れる
2. turn (　　　　) the switch　　スイッチを切る
3. turn (　　　　)　　　　　　　ことわる、（ボリュームなどを）下げる
4. turn (　　　　)　　　　　　　現れる、（ボリュームなどを）上げる
5. turn (　　　　)　　　　　　　（結果が）明らかになる

ヒント： out, off, on, up, down

# STEP 2 英作文ウォーミングアップ

1~10の英語表現とヒントの語群を参考にして、次のフレーズを英語にしよう。
　＊文ではないので、小文字で書き始めること。

11. 電気スタンドのスイッチを切る
　　(　　　　　) off the (　　　　　　) (　　　　　　)

12. ストーブを片づける
　　(　　　　　) away the (　　　　　　) (　　　　　　)

13. クーラーを強める
　　(　　　　　) up the (　　　　　　)

14. インターホンを鳴らす
　　(　　　　　) the (　　　　　　)

15. 炊飯ジャーでご飯を炊く
　　(　　　　　) rice with a (　　　　　　) (　　　　　　)

16. 電子レンジでお弁当を温める
　　(　　　　　) up the box lunch in the (　　　　　　)
　　(　　　　　)

17. コンセントにプラグを差し込む
　　(　　　　　) the plug into the (　　　　　　)

　　＊ただし、「扇風機のプラグを差し込む」など、何のプラグかが明示されている場合にはplugを動詞として用い、plug in the electric fan とするのがふつう。(in は副詞)

18. ホットカーペットに寝そべる
　　(　　　　　) full length on an (　　　　　　) (　　　　　　)

19. DVDデッキで好きな番組を録画する
　　(　　　　　) one's favorite TV programs on the DVD (　　　　　　)

20. 電気ポットに水を入れる
　　(　　　　　) water in the (　　　　　　) (　　　　　　)

ヒント： buzz　cook　heat　insert　lie　put　record　turn　warm

# STEP 3　英作文にチャレンジ！

11~20 の英語表現を参考にして、次の日本文を英語にしよう。

21. 「電気スタンドのスイッチを消しましたか」「はい、消しました」

　　........................................................................................................................

22. 先週末にストーブを片づけました。(weekend)

　　........................................................................................................................

23. クーラーを少し強めてくれませんか。

　　........................................................................................................................

24. インターホンを鳴らしたが、誰も出なかった。(no one, answer)

　　........................................................................................................................

25. 炊飯ジャーでご飯を炊くのは簡単だ。(巻末付録IVを参考にして)

　　........................................................................................................................

26. 電子レンジでこのお弁当を温めましょうか。

　　........................................................................................................................

27. 誰かがコンセントに扇風機のプラグを差し込んだようだ。(it seems ~, someone)

　　........................................................................................................................

28. ホットカーペットに寝そべるのは気持ちがいい。(feel good)(巻末付録IVを参考にして)

　　........................................................................................................................

29. 私は毎日 DVD デッキで好きな番組を録画します。

　　........................................................................................................................

30. ケヴィンは電気ポットに水を入れるのを忘れた。(巻末付録IVを参考にして)

　　........................................................................................................................

## Listening Practice 🎧18

音声を聴いて、(　　) に書き入れよう。

Yumiko: James, have you ¹(　　　　) into your new apartment yet?
James: Not yet. My mom is coming today to ²(　　　　) me shopping. I need to buy a desk lamp so I can study, and a microwave ³(　　　　) so I can make food.
Yumiko: You can't cook with just a microwave. You also need a rice cooker.
James: But I only have an ⁴(　　　　) apartment. I don't have a big kitchen.
Yumiko: Yes, but you need to know how to make more than Cup Ramen!
James: Oh, someone's calling me on the ⁵(　　　　) … I have to go. Bye!
Yumiko: Bye!

## Vocabulary 🎧19

問1, 2の(A)〜(E)の英訳は何だろうか。音声を聴いて答えの番号を書き入れよう。

問1　(A) 食器棚（　）　(B) 鏡台（　）　(C) ガスレンジ（　）
　　　(D) 洗面台（　）　(E) 冷蔵庫（　）

問2　(A) 座椅子（　）　(B) 救急箱（　）　(C) 飾りダンス（　）
　　　(D) 引き出しタンス（　）　(E) 流し台（　）

---

**英語豆知識　英和辞典の例文**

英作文をするときには、英和辞典を上手に使おう。たとえば、turn off という語句を使う場合、どのようにして単語をつなげればいいのかわからないときには、英和辞典の例文を参考にして書けば正しい英文を書くことができる。

電子辞書を使う場合には、「turn&off」で例文検索をすれば、すぐに目的の項目にジャンプできる。たとえば『ジーニアス英和大辞典』には次のような例文が挙げられている。

Please turn off your cellphones near the priority seats.
「優先席付近では携帯電話の電源をお切りください。」

---

**p.21 Step 1 どっちが正しい英語？——正解**

1. (B) desk lamp　2. (A) electric heater　3. (A) air-conditioner　4. (B) intercom
5. (A) rice cooker　6. (A) microwave oven　7. (B) outlet　8. (B) electric carpet
9. (B) electric kettle　10. (A) DVD recorder

# ◆ Unit 7 ◆
# ビニール袋はプラスチック？

◆◆◆ この Unit では文具などに関する言葉を学ぼう！

## STEP 1  どっちが正しい英語？ 🎧20

音声を聴いて、1〜10のカタカナ英語に対する正しい英語表現は(A)と(B)のどちらか考えよう。そのあとで28ページ下部の正解を見て答え合わせをしよう。

1. ボールペン　　　　　　　　(A)　　(B)
2. シャーペン　　　　　　　　(A)　　(B)
3. ホッチキス　　　　　　　　(A)　　(B)
4. ノート　　　　　　　　　　(A)　　(B)
5. ペンチ　　　　　　　　　　(A)　　(B)
6. ビニール袋　　　　　　　　(A)　　(B)
7. 発泡スチロール　　　　　　(A)　　(B)
8. 段ボール箱　　　　　　　　(A)　　(B)
9. 輪ゴム　　　　　　　　　　(A)　　(B)
10. サインペン　　　　　　　 (A)　　(B)

---

### 基本動詞を学ぼう　⑦ put

Put は「（物・人を）ある場所（状態）に位置させる」という意味の動詞だ。「入れる」、「（上に）かける」、「（上に）のせる」などの表現はすべて put で表すことができる。

**Let's Try!**　1〜5の(　)に適当な単語を入れて、次の表現を完成させよう。

1. 財布をカバンの中に入れた。　I put the wallet (　　　) my bag.
2. ジャケットを椅子の背にかけた。　I put the jacket (　　　) the back of the chair.
3. たばこを口にくわえた。　I put a cigarette (　　　) my mouth.
4. 子どもに麦わら帽子をかぶせた。　I put a straw hat (　　　) my child.
5. 彼は彼女のことを忘れた。(→心の外に置いた)　He put her (　　　) of mind.

注意）他動詞として用いられる場合には、必ず〈場所・方向・状態〉などを表す言葉をともなう。
　　例）× Put your pen.　　○ Put down your pen.　または Put your pen down.

# STEP 2　英作文ウォーミングアップ

1~10の英語表現とヒントの語群を参考にして、次のフレーズを英語にしよう。
 *文ではないので、小文字で書き始めること。

11. ボールペンを筆箱に入れる
    (          ) a (          ) (          ) in the pen (          )

12. シャーペンの芯を補充する
    (          ) the (          ) (          )

13. ホッチキスで書類をとめる
    (          ) the documents together with a (          )

14. ノートにメモをとる
    (          ) notes on a (          )

15. ペンチで釘を引っこ抜く
    (          ) out a nail with (          )

16. ビニール袋に生ゴミを入れる
    (          ) (          ) into a (          ) (          )

17. 発泡スチロールの箱に生魚を入れる
    (          ) (          ) fish into a (          ) box

18. 段ボール箱に古いアルバムを詰める
    (          ) old albums into a (          ) box

19. 輪ゴムで髪をとめる
    (          ) up one's hair with a (          ) (          )

20. サインペンでボールにサインする
    (          ) one's (          ) on a baseball with a
    (          ) (          )

---

ヒント：　autograph　　case　　garbage　　pull　　put　　raw　　refill
　　　　　sign　　take　　tie

## STEP 3　英作文にチャレンジ！

11~20 の英語表現を参考にして、次の日本文を英語にしよう。

21. 誰がこのボールペンを私の筆箱に入れたのですか。

   ..................................................................................................................

22. シャーペンの芯を補充したばかりだ。(just)

   ..................................................................................................................

23. ホッチキスでこれらの書類をとめて、この封筒に入れなさい。
   　　　　　　　　　　　　　　　　　　　　　　（envelope）（巻末付録Ⅲを参考にして）

   ..................................................................................................................

24. 先生は私にノートにメモをとるように言いました。（巻末付録Ⅴを参考にして）

   ..................................................................................................................

25. 彼はペンチで全部の釘を引っこ抜こうとした。（巻末付録Ⅳを参考にして）

   ..................................................................................................................

26. 生ごみをビニール袋に入れなかったら、あなたの部屋が臭くなりますよ。(smell bad)
   　　　　　　　　　　　　　　　　　　　　　　　　　　　　　（巻末付録Ⅲを参考にして）

   ..................................................................................................................

27. 私は彼に発泡スチロールの箱にこの生魚を入れてくれと頼んだが、してくれなかった。
   　　　　　　　　　　　　　　　　　　　　　　　　　　　　（巻末付録Ⅲ，Ⅴを参考にして）

   ..................................................................................................................

28. 段ボール箱に古いアルバムを詰めて、母に送った。

   ..................................................................................................................

29. この輪ゴムで髪をとめなさい。そうしないと前髪が目にかかりますよ。
   　　　　　　　　　　　　　　　　　　　　　（forelocks, hang）（巻末付録Ⅲを参考にして）

   ..................................................................................................................

30. ジェイムズは有名な野球選手にサインペンでボールにサインをしてもらった。
   　　　　　　　　　　　　　　　　　　　　　　　　　　　　（巻末付録Ⅶを参考にして）

   ..................................................................................................................

## Listening Practice 🎧21

音声を聴いて、(　　　)に書き入れよう。

Alan:　　Thanks for helping me clean my office!

Bernie:　No ¹(　　　　　). Do you want the felt-tip pens together with the ballpoint pens?

Alan:　　Please put the felt-tip pens in the Tupperware box with the Scotch tape. I use them to make ²(　　　　).

Bernie:　Ok, how ³(　　　　) the screwdriver and the wrench?

Alan:　　I only use them to adjust my chair. Please put them in the ⁴(　　　　　) box in the bottom drawer.

Bernie:　Where can we put all the papers you're ⁵(　　　　) away?

Alan:　　There's a plastic bag on that chair for trash. It's getting full!

## Vocabulary 🎧22

問1, 2の(A)～(E)の英訳は何だろうか。音声を聴いて答えの番号を書き入れよう。

問1　(A) はさみ (　) 　(B) 糊 (　) 　(C) 消しゴム (　)
　　　(D) 爪切り (　) 　(E) 箸 (　)

問2　(A) おたまじゃくし (　) 　(B)(ごはんの)しゃもじ (　) 　(C) ふきん (　)
　　　(D) まな板 (　) 　(E) 金づち (　)

---

**英語豆知識　冠詞の使い分け**

　冠詞にはa (an), the の２つがある。たとえ日本文に「その」と書いてなくても、何を指しているのかわかっている場合にはtheを使おう。たとえば、11の問題のthe pen caseはa pen caseでもかまわないが、どの筆箱を指しているのかわかっているときには必ずthe を用いる。
　また、意味を制限する語句を伴う場合には the を用いることが多い。たとえば、「この学校の校長」というと、ある特定の人に限られるので、the principal of this school というように、自動的に the を用いる。教員全部を指す場合にも、指す範囲が限られるので、the teachers of this school と言う。ただし、一部の教師を指すのであれば、teachers of this school となる。

---

**p.25 Step 1　どっちが正しい英語？——正解**

1. (B) ballpoint pen　2. (A) mechanical pencil　3. (B) stapler　4. (A) notebook
5. (A) pliers　6. (B) plastic bag　7. (A) styrofoam　8. (B) cardboard box
9. (B) rubber band　10. (B) felt-tip pen

# ◆Unit 8◆
## ノルマはどこから来た言葉？

◆◆◆ この Unit では仕事に関する言葉を学ぼう！

## STEP 1 どっちが正しい英語？ 🎧23

音声を聴いて、1〜10のカタカナ英語に対する正しい英語表現は(A)と(B)のどちらか考えよう。そのあとで32ページ下部の正解を見て答え合わせをしよう。

1. ミス　　　　　　　　　(A)　　(B)
2. ノルマ　　　　　　　　(A)　　(B)
3. ベテラン　　　　　　　(A)　　(B)
4. ベースアップ　　　　　(A)　　(B)
5. パワハラする　　　　　(A)　　(B)
6. （人を）リストラする　(A)　　(B)
7. スキルアップする　　　(A)　　(B)
8. サラリーマン　　　　　(A)　　(B)
9. OL　　　　　　　　　　(A)　　(B)
10. フリーター　　　　　　(A)　　(B)

---

### 基本動詞を学ぼう ⑧ make

Make の根本的な意味は「無から何かを生じさせる」である。日本語では「作る」だけでなく、「〜する」のほか、いろいろな言葉で訳される。

例）「まちがいをする」→「まちがいを生じさせる」= make a mistake

**Let's Try!** 次の表現を日本語に直そう。

1. make a reservation (　　　　　)　2. make progress (　　　　　)
3. make tea (　　　　　)　4. make a left turn (　　　　　)
5. make money (　　　　　)　6. make efforts (　　　　　)
7. make a speech (　　　　　)　8. make a teacher (　　　　　)
9. make an appointment (　　　　　)

# STEP 2  英作文ウォーミングアップ

1~10 の英語表現とヒントの語群を参考にして、次のフレーズを英語にしよう。
*文ではないので、小文字で書き始めること。

11. ミスをする
    (          ) a (              )

12. ノルマをはたす
    (          ) one's (          )

13. ベテラン教師
    an (          ) teacher

14. ベースアップを求める
    (          ) for a (          )

15. パワハラされる
    be (          ) by one's (          )

16. リストラされる（＝解雇される）
    be (          )

17. スキルアップのチャンス
    a chance (          ) (          ) one's (          )

18. （女性が）サラリーマンとつきあう
    (          ) out with an (          ) (          )

19. OLと合コンする
    (          ) a party with (          ) (          ) the
    (          )

20. フリーター暮らしをする
    (          ) a living as a (          )

ヒント：　ask　　boss　　go　　have　　make　　meet

# STEP 3 英作文にチャレンジ！

11~20 の英語表現を参考にして、次の日本文を英語にしよう。

21. アランはいつも肝心なところでミスをする。(at a critical point)

................................................................................

22. 彼はノルマをはたすことができなかったので上司に叱られた。
　　　　　　　　　　　　　　　　　　　　　　　(tell off)（巻末付録Ⅲ, Ⅵを参考にして）

................................................................................

23. バーニーはベテラン教師と言われている。(They say ~)

................................................................................

24. 私たちはベースアップを求めたが、みとめてもらえなかった。
　　　　　　　　　　　　　　　　　　　　　　(turn down)（巻末付録Ⅲ, Ⅵを参考にして）

................................................................................

25. もしパワハラに遭ったら、あなたはどうしますか。（巻末付録Ⅲを参考にして）

................................................................................

26. 不況のせいで私の叔父は先月もう少しでリストラされそうになった。
　　　　　　　　　　　　　　　　　　(because of depression, almost)（巻末付録Ⅵを参考にして）

................................................................................

27. スキルアップのチャンスを逃してしまった。(miss)

................................................................................

28. サヤカは1年前からサラリーマンとつきあっている。(for a year)（現在完了進行形を用いて）

................................................................................

29. 彼らはOLと合コンするための場所を探している。(look for ~)（巻末付録Ⅴを参考にして）

................................................................................

30. フリーター暮らしにも飽きた。(be tired of ~)（巻末付録Ⅳを参考にして）

................................................................................

UNIT 8　ノルマはどこから来た言葉？

## Listening Practice 🎧24

音声を聴いて、(　　　) に書き入れよう。

Marcy: Becky, I'm really worried! I made a big mistake on my report.
Becky: You reach your quota every month. One mistake won't get you ¹(　　　　)!
Marcy: But I was hoping to get a ²(　　　　) this year. What should I do?
Becky: Take the training course next week. Improving your skills is always good. If you're an ³(　　　　), you're more valuable.
Marcy: You're right. I don't want to be an ⁴(　　　　) worker forever. I want to be a manager!
Becky: Good luck. Just don't ⁵(　　　　) me when you're the boss!

## Vocabulary 🎧25

問1, 2の (A)〜(E) の英訳は何だろうか。音声を聴いて答えの番号を書き入れよう。
＊肩書きは会社によって異なる場合がある

問1 (A) 上司 (　) (B) 社長 (　) (C) 部長 (　) (D) 課長 (　) (E) 係長 (　)

問2 (A) 支店長 (　) (B) 重役 (　) (C) 顧客 (　) (D) 昇格 (　)
(E) 定年 (　)

---

**英語豆知識　連語辞典を使おう**

たとえば「パーティを開く」などという場合、「パーティ」と「開く」を別々に訳して open a party とするのは良くないやり方だ。そういうときには英和辞典で party を引き、その例文を確認すればよい。

英和辞典に例文がない場合には、連語辞典を使おう。たとえば『新英和活用大辞典』は連語辞典の代表的なものだ。party を引くと、「パーティ、会」に続いて、〈動詞＋〉、〈＋動詞〉、〈形容詞・名詞＋〉などという項目がある。この場合は party を目的語にとる動詞を調べたいので、〈動詞＋〉の項目を見ればよい。arrange a party「パーティーの手配をする」から始まって、「パーティを〜する」の表現がたくさん出てくる。"He gave a party." や "He had a party." などの例文により、give や have を使えばよいことがわかる。

---

**p.29 Step 1　どっちが正しい英語？——正解**

1. (B) mistake　2. (B) quotas　3. (B) expert　4. (A) raise　5. (A) bully　6. (A) fire
7. (A) improve one's skills　8. (B) office worker　9. (B) girls from the office
10. (B) permanent part-timer

＊9. アメリカでは「OL」(事務職の女性) という概念がないので、便宜上「会社勤めの女性たち」という訳をあてている。
＊10. アメリカでは「フリーター」(長期間にわたってパートタイムのみで生計を立てている人) という概念がないので、便宜上「ずっとパートタイムで働く人」という訳語をあてている。

# ◆ Unit 9 ◆
# Text は教科書？ メールを打つこと？

◆◆◆ この Unit ではパソコン・インターネットに関する言葉を学ぼう！

## STEP 1　どっちが正しい英語？ 🎧26

音声を聴いて、1~10のカタカナ英語に対する正しい英語表現は(A)と(B)のどちらか考えよう。
そのあとで36ページ下部の正解を見て答え合わせをしよう。

1.　パソコン　　　　　　　　　　(A)　　(B)
2.　ノートパソコン　　　　　　　(A)　　(B)
3.　（携帯で）メールを送る　　　(A)　　(B)
4.　バージョン・アップ　　　　　(A)　　(B)
5.　メールソフト　　　　　　　　(A)　　(B)
6.　アプリ　　　　　　　　　　　(A)　　(B)
7.　ブラインドタッチ　　　　　　(A)　　(B)
8.　アットマーク (@)　　　　　　(A)　　(B)
9.　メルアド　　　　　　　　　　(A)　　(B)
10.　コピペ　　　　　　　　　　　(A)　　(B)

---

### 基本動詞を学ぼう　⑨ learn / study

Learn は「学んで身につける」という意味がある。また、study は「読書をしたり、学校に行ったりすることにより学ぶ」ことを意味する。

例）I learned to ride a bicycle.　自転車に乗れるようになった。
　　We study French at our school.　私たちの学校ではフランス語を学ぶ。

＊ study には「じっくり見る」という意味もある。
例）I studied the map.　私は地図をじっくりと見た。

**Let's Try!**　1~4の(　　)に learn, study のいずれかを適当な形に直して入れよう。
1. I (　　　　　　　) from him that you are ill.
2. Japanese children (　　　　　　　) how to use chopsticks at home.
3. I'm going to (　　　　　　　) biology at university.
4. We (　　　　　　　) the menu and discussed what to have.

# STEP 2 英作文ウォーミングアップ

1~10の英語表現とヒントの語群を参考にして、次のフレーズを英語にしよう。
*文ではないので、小文字で書き始めること。

11. パソコンを起動する
    (          ) up a (          )

12. ノートパソコンを持ち歩く
    (          ) around a (          ) (          )

13. 携帯で妻にメールを送る
    (          ) my (          )

14. OSをバージョンアップする
    (          ) to the new (          ) of the OS

15. 無料のメールソフトをダウンロードする
    (          ) a (          ) mail (          )

16. 2,000円でアプリをダウンロードする
    (          ) an (          ) (          ) for 2,000 yen

17. ブラインドタッチを覚える
    (          ) (          )

18. アットマークを手入力する
    (          ) (          ) (          ) manually

19. メルアドを交換する
    (          ) e-mail (          )

20. ブログの文章をコピペする
    (          ) and (          ) a passage from a (          )

---

ヒント: blog   carry   download   enter   exchange   freeware
        start   wife

# STEP 3　英作文にチャレンジ！

11~20 の英語表現を参考にして、次の日本文を英語にしよう。

21. 新しいパソコンを起動しようとしたが、起動しなかった。（wouldn't start (up)）

　　................................................................................................................................

22. ベッキーはどこに行くときでもノートパソコンを持ち歩く。（wherever she goes）

　　................................................................................................................................

23. 家に帰る途中、携帯で妻にメールを送ったが、返事がなかった。（didn't answer）

　　................................................................................................................................

24. OS をバージョンアップするのに 1 万円かかった。（It cost+ 金額 +to- 不定詞）

　　................................................................................................................................

25. 無料のメールソフトをダウンロードしたらウィルスに感染してしまった。（get a virus）

　　................................................................................................................................

26. アプリをたくさんダウンロードしたら、電話代がものすごく高くなった。
　　　　　　　　　　　　　　　　　　　　　　　　　　（telephone fee, shoot up）

　　................................................................................................................................

27. ブラインドタッチを覚えれば、仕事の能率があがりますよ。（improve your efficiency）

　　................................................................................................................................

28. アットマークは手入力することになっています。（be supposed to- 不定詞）

　　................................................................................................................................

29. メルアドを交換しましょうか。

　　................................................................................................................................

30. ジャックはいつも他人のブログの文章をコピペしている。（be always ~ing）

　　................................................................................................................................

## Listening Practice 🎧27

音声を聴いて、(　　　) に書き入れよう。

Gail: John's a real computer nerd, isn't he? I never see him ¹(　　　) his laptop!

Becky: Yeah, he knows everything. He helped me when my computer wouldn't ²(　　　) up last week.

Gail: He told me about an anti-virus program that I could download for ³(　　　)!

Becky: I need to get that. Last year my PC got a virus, and it was ⁴(　　　)!

Gail: I need to do something nice for him to say "Thanks" for his help.

Becky: I found a way to pay him back. I helped him re-type his English report. He's a computer expert but he can't ⁵(　　　), and his spelling is terrible!

## Vocabulary 🎧28

問 1, 2 の (A)~(E) の英訳は何だろうか。音声を聴いて答えの番号を書き入れよう。

問1 (A) 手紙 (　) (B) 切手 (　) (C) 封筒 (　) (D) 郵便ポスト (　)
　　(E) 電報 (　)

問2 (A) カーソル (　) (B) 変換する (　) (C) 選択する (　) (D) 再起動する (　)
　　(E) 機種 (　)

---

**英語豆知識　語源をチェックしよう**

単語のつづりを覚えるのはひと苦労だが、語源をいくつか知っておくと、覚えるのが楽になる。たとえば、succeed は su, cc, ee, d と覚えるのではなく、suc と ceed が結びついたものとして覚えよう。ceed はラテン語源で「行く (go)」の意味であり、suc は「〜の下に」の意味だ。「(努力の) 下に来る⇒成功する」という意味が成立した。

succeed の語源を知れば、同じ ceed をもつ単語の exceed「外に行く⇒(〜より) すぐれている」、proceed「前に行く⇒前進する」、recede ⇒ re+ceed「後ろに行く⇒後退する」の単語も一緒に覚えることができる。学習者用の英和辞典にはふつう語源の記載があるので、単語を調べるたびに語源もチェックするとよいだろう。

---

**p.33 Step 1 どっちが正しい英語？——正解**

1. (A) PC　　2. (B) laptop computer　　3. (B) text　　4. (A) version upgrade
5. (A) mail program　　6. (B) application software　　7. (A) touch-typing
8. (B) at sign　　9. (A) e-mail address　　10. (A) copy and paste

# ◆Unit 10◆
# Bargain は行くもの？ 見つけるもの？

✦✦✦ *この Unit では買い物に関する言葉を学ぼう！*

## STEP 1 どっちが正しい英語？ 🎧29

音声を聴いて、1〜10のカタカナ英語に対する正しい英語表現は(A)と(B)のどちらか考えよう。そのあとで40ページ下部の正解を見て答え合わせをしよう。

1. レジ            (A)    (B)
2. コンビニ         (A)    (B)
3. スーパー         (A)    (B)
4. アフターサービス   (A)    (B)
5. バーゲン         (A)    (B)
6. プライスダウン    (A)    (B)
7. クレーム         (A)    (B)
8. プレミア         (A)    (B)
9. フリーダイヤル    (A)    (B)
10. キャッシング     (A)    (B)

---

### 基本動詞を学ぼう ⑩ find

Find「見つける、わかる」を用いる場合には、構文に気をつけよう。

「見つける」 find+ 物

① 「〜が…であるところを見つける（見かける）」
　　find+ 人または物 +形容詞・分詞など
　　　例) I found the box empty.
　　　　 I found the baby sleeping in the bed.

② 「〜が…だとわかる」
　　find+ 物 +to- 不定詞　　例) I found him (to be) a famous novelist.
　　find+that- 節　　　　　 例) I found that he was a famous novelist.
　　　＊ find out は「努力の末に探り出す・知る」という意味。

**Let's Try!** ①、②の用法の find を含む英文を英和辞典で調べ、英文とその訳文を書き写そう。
　①
　②

# STEP 2 英作文ウォーミングアップ

1~10の英語表現とヒントの語群を参考にして、次のフレーズを英語にしよう。
　*文ではないので、小文字で書き始めること。

11. レジで支払いをする
    (　　　　　) at the (　　　　　　　　) counter

12. コンビニで買い物をする
    (　　　　　) at a (　　　　　　　　) store

13. スーパーでちらしをもらう
    (　　　　　) a (　　　　　　) at a (　　　　　　　)

14. アフターサービスが良い
    (　　　　　) a good (　　　　　　　) service

15. バーゲンで掘り出し物を見つける
    (　　　　　) a (　　　　　　) at a (　　　　　)

16. セーターをプライスダウンする
    (　　　　　) a (　　　　　　) on a sweater

17. 店にクレームをつける
    make a (　　　　　　) to a store [shop]

18. プレミアがついたチケット
    a (　　　　　) (　　　　　　)

19. フリーダイヤルでその会社に電話する
    (　　　　　) the company (　　　　　　　)

20. キャッシングをする
    get a (　　　　　) (　　　　　　)

---

ヒント： call　find　get　give　have　leaflet　pay　shop　ticket

# STEP 3 英作文にチャレンジ！

11~20 の英語表現を参考にして、次の日本文を英語にしよう。

21. レジで支払いをしましたか。

　　..................................................................................................................

22. 週に何回コンビニで買い物をしますか。(how many times a week)

　　..................................................................................................................

23. 私はいつもこのスーパーでちらしをもらってから買い物をする。

　　..................................................................................................................

24. あの店はアフターサービスが良いという噂だ。(I hear)

　　..................................................................................................................

25. バーゲンで掘り出し物を見つけるのはむずかしい。

　　..................................................................................................................

26. このセーターをプライスダウンしてくれたらよいのだが。(hope, they)

　　..................................................................................................................

27. あの店にクレームをつけたら、お詫びのしるしとして商品券をくれた。
　　　　　　　　　　　　　　　(a gift voucher, they, as a token of apology)

　　..................................................................................................................

28. ボーイフレンドが私のためにプレミアがついたチケットを買ってくれた。(get + 人 + 物)

　　..................................................................................................................

29. その会社にはフリーダイヤルで電話しないと損をしますよ。(lose money)

　　..................................................................................................................

30. キャッシングをするときには、なるべく少ない金額を借りなさい。
　　　　　　　　　　　　　　　　　　　　(as little money as possible)

　　..................................................................................................................

UNIT 10　Bargain は行くもの？ 見つけるもの？　39

## Listening Practice 🎧 30

音声を聴いて、(    ) に書き入れよう。

Kevin: Tom, where did you get that ski jacket? It's really ¹(          ).

Tom: I got it at a sale at Wilson's Department store. It was a great ²(          ). It was 50% off!

Kevin: Really? I was at Wilson's last ³(          ) and I didn't see one like it.

Tom: Oh, it wasn't in the Men's department…it was in the Sports section.

Kevin: I ⁴(          ) have looked there!

Tom: I asked the clerk at the ⁵(          ) counter if they had any other jackets, and he sent me to the Sports section. I'm glad I asked!

## Vocabulary 🎧 31

問1, 2の (A)~(E) の英訳は何だろうか。音声を聴いて答えの番号を書き入れよう。

問1 (A) 百(　) (B) 千(　) (C) 万(　) (D) 十万(　) (E) 百万(　)

問2 (A) 千万(　) (B) 一億(　) (C) 十億(　) (D) 一兆(　) (E) 桁(　)

---

**英語豆知識** Working vocabulary をおさえよう

英語の勉強はどこまでやってもきりがないと嘆く人は多いが、すべての英単語を覚えようとする必要はない。英単語を覚える際には2つのグループに分けて考えるとよい。

第1のグループは、意味を知っているだけでなく、英作文の際にも使いこなすことができる単語群 (working vocabulary と言う)。

第2のグループは、英文の中でその単語が出てきたときに、意味がわかる程度のもの。

本書に出てくる基本動詞をきっちり使いこなせるようになれば、あとは物の名前や基本的な形容詞・副詞を覚えるだけで、日常的な英会話はできるようになる。中学英語で十分話せる、と言われるゆえんはここにある。

---

**p.37 Step 1 どっちが正しい英語？——正解**

1. (A) checkout counter   2. (B) convenience store   3. (B) supermarket
4. (A) after-sales service   5. (B) sale   6. (A) discount   7. (A) complaint
8. (B) premium   9. (B) toll-free call   10. (A) payday loan

# ✦ Unit 11 ✦✦✦
# Viking は海賊料理？

✦✦✦ *この Unit では旅行に関する言葉を学ぼう！*

## STEP 1　どっちが正しい英語？ 🎧 32

音声を聴いて、1~10のカタカナ英語に対する正しい英語表現は(A)と(B)のどちらか考えよう。そのあとで 44 ページ下部の正解を見て答え合わせをしよう。

1. （ホテルの）フロント　　　　　(A)　　(B)
2. （旅行の）パンフレット　　　　(A)　　(B)
3. キーホルダー　　　　　　　　　(A)　　(B)
4. （駅の）ホーム　　　　　　　　(A)　　(B)
5. バイキング　　　　　　　　　　(A)　　(B)
6. モーニング・コール　　　　　　(A)　　(B)
7. パックツアー　　　　　　　　　(A)　　(B)
8. ビールのジョッキ　　　　　　　(A)　　(B)
9. ボディーチェック　　　　　　　(A)　　(B)
10. モーニング・サービス　　　　　(A)　　(B)

---

### 基本動詞を学ぼう　⑪ ask

Ask には「尋ねる」、「頼む」の2つの意味がある。

「尋ねる」
　ask+ 人 +a question（=ask a question of 人）　「人に質問を尋ねる」
　ask+ 人 +if [whether] S′+V′　「人に~かどうかを尋ねる」

「頼む」
　ask+ 人 +to- 不定詞　「人に~してくれと頼む」
　ask+ 人 +for 物　　　「人に~をくれと頼む」

**Let's Try!**  1~3 の（　）に適当な語を書き入れよう。
1. I asked him (　　　　) some money.
2. Jane asked me (　　　　) lend her some money.
3. She asked Mr. Brown (　　　　) he would give her a private lesson.

# STEP 2　英作文ウォーミングアップ

1〜10 の英語表現とヒントの語群を参考にして、次のフレーズを英語にしよう。
＊文ではないので、小文字で書き始めること。

11. フロントに部屋の鍵を預ける
    (　　　　　) one's room key at the (　　　　　)

12. 旅行のパンフレットをめくる
    (　　　　　) through the pages of the (　　　　　)

13. おみやげにキーホルダーを買う
    (　　　　) a (　　　　) (　　　　) as a (　　　　　)

14. ホームで 15 分待つ
    (　　　　) (　　　　) 15 (　　　　) on the
    (　　　　)

15. バイキングの朝食を食べる
    (　　　　) a (　　　　) breakfast

16. モーニング・コールを頼む
    (　　　　) for a (　　　　) (　　　　)

17. パックツアーを予約する
    (　　　　) a (　　　　) (　　　　)

18. ジョッキでビールを飲む
    (　　　　) beer from a (　　　　)

19. ボディーチェックを受ける
    (　　　　) a (　　　　) (　　　　)

20. 喫茶店のモーニング・サービスを食べる
    (　　　　) (　　　　) (　　　　) at a coffee shop

ヒント:　ask　drink　eat　flip　get　leave　minute　reserve
　　　　souvenir　wait

# STEP 3　英作文にチャレンジ！

11~20 の英語表現を参考にして、次の日本文を英語にしよう。

21. 彼らはフロントに鍵を預けてから外出した。

　　..................................................................................................................................

22. 旅行のパンフレットをめくっていたら、おもしろそうな観光ツアーを見つけた。
　　　　　　　　　　　　　　　　　　　　　　　（an interesting sightseeing tour）

　　..................................................................................................................................

23. 友人たちへのおみやげにキーホルダーを買いたい。

　　..................................................................................................................................

24. ホームで 15 分以上待っているが、まだ汽車が来ない。（arrive）（現在完了進行形を用いて）

　　..................................................................................................................................

25. バイキングの朝食はおいしかったですか。

　　..................................................................................................................................

26. トムはモーニング・コールを頼み忘れて、寝坊してしまった。（oversleep）

　　..................................................................................................................................

27. パックツアーを予約したのだが、キャンセルしなければならない。（cancel）

　　..................................................................................................................................

28. 缶ではなくジョッキでビールを飲みたい気分だ。（~, not a can）

　　..................................................................................................................................

29. 私たちは空港でボディーチェックを受けなくてはならなかった。

　　..................................................................................................................................

30. 喫茶店のモーニング・サービスを食べていたら、伯母に会った。（meet）

　　..................................................................................................................................

UNIT 11　Viking は海賊料理？　43

## Listening Practice 🎧 33

音声を聴いて、(　　) に書き入れよう。

Sam:　Jack, how was your ¹(　　　　) to Bali?
Jack:　It was great! We stayed at a beach resort.
Sam:　I know, you showed me the ²(　　　　　). How was the hotel?
Jack:　Beautiful. The reception desk is a giant fishtank! And the ³(　　　　　) was wonderful.
Sam:　How was the food?
Jack:　Delicious. The restaurant had a wonderful seafood ⁴(　　　　) every night, and they give you a hotel beer mug that you can keep!
Sam:　Sounds like the perfect time. Was anything not great?
Jack:　Only the ⁵(　　　　　) check at the airport. They took my cigarette lighter!

## Vocabulary 🎧 34

問1, 2 の (A)~(E) の英訳は何だろうか。音声を聴いて答えの番号を書き入れよう。

問1　(A) アルゼンチン (　) 　(B) イタリア (　) 　(C) スイス (　)
　　　(D) フィリピン (　) 　(E) イギリス (　)

問2　(A) タイ (　) 　(B) インド (　) 　(C) 韓国 (　)
　　　(D) ロシア (　) 　(E) 中国 (　)

---

**英語豆知識**　比喩表現を楽しもう

　英語をマスターするためには比喩的な表現に慣れることが必要だ。たとえば、the neck of the bottle「瓶の首⇒瓶の中の細くなっている部分」、the foot of the mountain「山の足元⇒山のふもと」といった具合に柔軟に発想を転換しよう。
　よくfall in loveと言うが、これは「恋という状態の中に落ちる⇒好きになる」と解せる。では、その反対の「恋からさめる」は？「恋という状態から外へ落ちる」と考えて、fall out of loveと言う。
　映画『ある愛のうた』で、主人公の青年が新妻に対し、"Get out of my life!" と叫ぶ場面があるが、これは「僕の人生から出ていけ⇒君とはお別れだ」ということだ。

---

**p.41 Step 1　どっちが正しい英語？——正解**

1. (B) reception　　2. (A) brochure　　3. (A) key chain　　4. (B) platform　　5. (B) buffet
6. (A) wake-up call　　7. (B) package tour　　8. (A) beer mug　　9. (B) security check
10. (B) breakfast special

# ◆Unit 12◆
# Trump はトランプ？ 切り札？

◆◆◆ この Unit では娯楽・スポーツに関する言葉を学ぼう！

## STEP 1 どっちが正しい英語？ 🎧35

音声を聴いて、1〜10のカタカナ英語に対する正しい英語表現は(A)と(B)のどちらか考えよう。そのあとで48ページ下部の正解を見て答え合わせをしよう。

1. ナイター　　　　　　　　　　　(A)　　(B)
2. フォアボール　　　　　　　　　(A)　　(B)
3. キャッチボールをする　　　　　(A)　　(B)
4. ヘディング　　　　　　　　　　(A)　　(B)
5. サンドバッグ　　　　　　　　　(A)　　(B)
6. フライング（陸上競技など）　　(A)　　(B)
7. テレビゲーム　　　　　　　　　(A)　　(B)
8. トランプ　　　　　　　　　　　(A)　　(B)
9. ジェットコースター　　　　　　(A)　　(B)
10. ゲレンデ　　　　　　　　　　　(A)　　(B)

---

### 基本動詞を学ぼう ⑫ play / practice / go

スポーツに関する動詞の使い分けは次の通りである。

　　play= 主にボールを用いるスポーツに用いる。　例）play baseball
　　practice= 主に格闘技に用いる。　　　　　　　例）practice judo
　　go= ある特定の場所で行うスポーツに用いる。　例）go surfing

**Let's Try!** 1〜4の(　)に play, practice, go のいずれかを適当な形に直して入れよう。

1. I (　　　　) bowling last Sunday.
2. Do you (　　　　) golf?
3. I (　　　　) Karate when I was a kid.
4. Bob (　　　　) fishing every weekend.

# STEP 2　英作文ウォーミングアップ

1~10の英語表現とヒントの語群を参考にして、次のフレーズを英語にしよう。
　*文ではないので、小文字で書き始めること。

11. ナイターを見る
　　（　　　　　）a（　　　　　）（　　　　　）

12. フォアボールを出す
　　（　　　　　）a batter

13. キャッチボールを楽しむ
　　（　　　　　）（　　　　　）（　　　　　）

14. ヘディングでゴールを決める
　　（　　　　　）with a（　　　　　）

15. サンドバッグを叩く
　　（　　　　　）into a（　　　　　）（　　　　　）

16. フライングする
　　（　　　　　）a（　　　　　）（　　　　　）

17. テレビゲームをする
　　（　　　　　）a（　　　　　）（　　　　　）

18. トランプをする
　　（　　　　　）（　　　　　）

19. ジェットコースターに乗る
　　（　　　　　）on a（　　　　　）（　　　　　）

20. ゲレンデで滑る
　　（　　　　　）down the（　　　　　）（　　　　　）

ヒント：　enjoy　get　make　play　punch　score　ski　watch

# STEP 3 英作文にチャレンジ！

11~20 の英語表現を参考にして、次の日本文を英語にしよう。

21. 今夜ナイターを見に行こうか。（go and ~）

   ...................................................................................................................

22. あのピッチャーはサムよりもたくさんフォアボールを出す。
   　　　　　　　　　　　　　　　（pitcher, often）（巻末付録Ⅷを参考にして）

   ...................................................................................................................

23. 息子にせがまれて一緒にキャッチボールをした。（badger 人 into ~ing）

   ...................................................................................................................

24. ヘディングでゴールを決めたら、スタジアムの人々がみな歓声を送った。（stadium, cheer）

   ...................................................................................................................

25. サンドバッグを叩くとスッキリする。（refreshing（形容詞））

   ...................................................................................................................

26. サムは 100 メートル走でフライングをしてしまい、失格になった。
   　　　　　　　　　　　　　　　（100-meter run, be disqualified）

   ...................................................................................................................

27. 私の好きな気晴らしはテレビゲームをすることだ。（favorite pastime）

   ...................................................................................................................

28. 彼は時々インチキをするので一緒にトランプをしたくない。（cheat）

   ...................................................................................................................

29. 私の弟はジェットコースターに乗るのをこわがる。（be frightened of ~）

   ...................................................................................................................

30. ゲレンデで滑っていたら、しりもちをついてしまった。（fall on one's backside）

   ...................................................................................................................

## Listening Practice 🎧36

音声を聴いて、(　　) に書き入れよう。

Ken: Mike, there's a baseball game Saturday and we need another player. Do you play?

Mike: Only in ¹(　　　) games! I'm pretty good on my game console.

Ken: Didn't you play baseball as a kid?

Mike: Yeah, but I'm not even good at playing ²(　　　).

Ken: You can't be that bad!

Mike: When they made me pitcher, I threw 4 walks in a ³(　　　) game!

Ken: Wow, that is ⁴(　　　) bad! Are you free Sunday? That's when we play poker.

Mike: Cards? Sure. I won't throw any cards in the ⁵(　　　) place!

## Vocabulary 🎧37

問1, 2の (A)~(E) の英訳は何だろうか。音声を聴いて答えの番号を書き入れよう。

問1　(A) 野球（　）　　(B) テニス（　）　　(C) 卓球（　）
　　 (D) サッカー（　）　(E) 陸上競技（　）

問2　(A) バレーボール（　）　(B) 重量挙げ（　）　(C) 短距離走（　）
　　 (D) 長距離走（　）　　　(E) 幅跳び（　）

---

### 📖 英語豆知識　どの時制を使うのか

　英語では、〈いつ〉の話なのかを常にはっきりさせたがる。過去のことは過去形で表し、現在のことは現在形や現在進行形で表し、未来のことは未来形で表す。
　しかし、日本語の「〜した」、「〜する」は必ずしも常にそれぞれ過去と現在のことを表すとは限らない。日本語の小説をどれか1冊、どのページでもよいから読んでみよう。「〜した」と「〜する」が混在しているだろう。
　英作文をする際には、「〜した」、「〜する」といった1つ1つの言葉よりも、「いつの話をしているのか」を見きわめてから、動詞をたとえば過去形・現在形など、どの形にするのか決めよう。

---

**p.45 Step 1　どっちが正しい英語？――正解**

1. (B) night game　2. (A) walk　3. (B) play catch　4. (A) header
5. (B) punching bag　6. (A) false start　7. (A) video game　8. (A) cards
9. (B) roller coaster　10. (A) ski slopes

# Unit 13
# Silver seat は銀の席？

✦✦✦ この Unit では乗り物に関する言葉を学ぼう！

## STEP 1　どっちが正しい英語？

音声を聴いて、1〜10のカタカナ英語に対する正しい英語表現は(A)と(B)のどちらか考えよう。
そのあとで52ページ下部の正解を見て答え合わせをしよう。

1. 信号　　　　　　　　　　(A)　　(B)
2. エンスト　　　　　　　　(A)　　(B)
3. ハイウェイ　　　　　　　(A)　　(B)
4. アクセル　　　　　　　　(A)　　(B)
5. バックミラー　　　　　　(A)　　(B)
6. サイドブレーキ　　　　　(A)　　(B)
7. フロントガラス　　　　　(A)　　(B)
8. ハンドル　　　　　　　　(A)　　(B)
9. ガソリンスタンド　　　　(A)　　(B)
10. シルバーシート　　　　　(A)　　(B)

---

### 基本動詞を学ぼう　⑬ look / see / watch

「見る」ことにかかわる動詞 look, see, watch の意味の区別は次の通りである。

　　look　　「見る」　＊自動詞なので、「〜を見る」の意味を表すには at などの前置詞が必要
　　see　　　「見える」、「(人と) 会う」、「わかる (that- 節などを伴う)」
　　watch　　「(一定の時間) 見る」、「(注意して) 見る、見張る」

**Let's Try!**　look, see, watch のうち最も適当なものを選んで、適当な形にして入れよう。
1. How many hours do you (　　　　) television every day?
2. He came to (　　　　) me at my office yesterday.
3. Will you (　　　　) my baggage while I go and get the ticket?
4. He was (　　　　) for his car key when I visited him.
5. He (　　　　) at the picture for a few minutes, and (　　　　) that it was painted by Picasso.

# STEP 2 英作文ウォーミングアップ

1~10 の英語表現とヒントの語群を参考にして、次のフレーズを英語にしよう。
　*文ではないので、小文字で書き始めること。

11. 信号を無視する
　　　(　　　　　) the (　　　　　) (　　　　　)

12. エンストする
　　　(　　　　　) an (　　　　　) (　　　　　)

13. 高速に乗る
　　　(　　　　　) an (　　　　　　　)

14. アクセルを踏む
　　　(　　　　　) on the (　　　　　　)

15. バックミラーを調節する
　　　(　　　　　) the (　　　　　　) (　　　　　)

16. サイドブレーキをかける
　　set the (　　　　　　) (　　　　　)

17. フロントガラスをみがく
　　　(　　　　　) the (　　　　　　)

18. ハンドルを切る
　　　(　　　　　) the (　　　　　)

19. ガソリンスタンドで満タンまで給油する
　　　(　　　　　) up at a (　　　　　) (　　　　　　)

20. シルバーシートをお年寄りに譲る
　　　(　　　　　) a (　　　　　) (　　　　　　) to an elderly person

---

ヒント：　adjust　　enter　　fill　　give　　have　　ignore　　step　　turn
　　　　　wipe

# STEP 3　英作文にチャレンジ！

11~20 の英語表現を参考にして、次の日本文を英語にしよう。

21. マイクは信号を無視して警官につかまった。(catch)

......................................................................................................................

22. 急発進したのでエンストしてしまった。(make a roaring start)

......................................................................................................................

23. 高速に乗ったとたんに雨が降り出した。(巻末付録Ⅲを参考にして)

......................................................................................................................

24. アクセルを踏みすぎないよう気をつけなさい。(careful, too hard)(巻末付録Ⅴを参考にして)

......................................................................................................................

25. 車を出すときにバックミラーを調節しましたか。(start the car)

......................................................................................................................

26. 車を出るときにサイドブレーキをかけたかどうか覚えていますか。

(leave the car)(巻末付録Ⅲを参考にして)

......................................................................................................................

27. ガソリンスタンドでフロントガラスをみがいてもらいなさい。(巻末付録Ⅶを参考にして)

......................................................................................................................

28. 彼は急にハンドルを切ったので、ガードレールにぶつかってしまった。

(too hard, hit the crash barrier)

......................................................................................................................

29. ここに来る途中、ガソリンスタンドで満タンまで給油しました。(on my way here)

......................................................................................................................

30. シルバーシートをお年寄りに譲らないのは恥ずかしいことです。(a shame)

......................................................................................................................

## Listening Practice

音声を聴いて、(　　) に書き入れよう。

Andrea: Hey, Jack, I got my driver's ¹(　　　　　)!
Jack: Great! Was it hard?
Andrea: Yes. Actually, I ²(　　　　　) the test 3 times.
Jack: What happened? Did you ³(　　　　　) a traffic light?
Andrea: No! The first time, I forgot to release the parking brake before I started. And the second time, I didn't look in the rearview mirror when backing up.
Jack: Those are big mistakes! What happened the third time?
Andrea: I shifted too fast and the ⁴(　　　　　) stalled.
Jack: Good thing it didn't happen when you were entering an ⁵(　　　　　)!
Andrea: Yeah, I guess so. Want to go for a ride? I need to fill up the car at the gas station.
Jack: Hmmm…can I drive?

# Vocabulary

問1, 2 の (A)〜(E) の英訳は何だろうか。音声を聴いて答えの番号を書き入れよう。

問1　(A) 快速列車 (　)　　(B) 在来線 (　)　　(C) 特急列車 (　)
　　　(D) 自転車 (　)　　(E) オートバイ (　)
問2　(A) 原動機付自転車 (　)　(B) 三輪車 (　)　(C) タクシー (　)
　　　(D) 乳母車 (　)　　(E) 馬車 (　)

---

**英語豆知識　英英辞典を使おう**

　ある程度英語がわかってきたら、なるべく英英辞典を使うようにしよう。たとえば amaze を英和辞典で引くと「〈人を〉驚嘆させる」などという訳がついているが、surprise「驚かせる」とはどう意味がちがうのだろうか。amaze を英英辞典で引くと、to surprise sb very much (sb は somebody のこと) とある。つまり、amaze は surprise より意味が強いということだ。この場合、amaze「驚嘆させる」と surprise「驚かせる」の日本語訳を別々に覚えるよりも、ひとまとめにして覚えた方が、意味やニュアンスのちがいも納得できるので、よりスムーズに覚えることができる。電子辞書を持っている人はジャンプ機能を活用しよう。

---

**p.49 Step 1　どっちが正しい英語？——正解**

1. (B) traffic lights　2. (A) engine stall　3. (B) express way　4. (A) accelerator
5. (B) rearview mirror　6. (B) parking brake　7. (A) windshield　8. (A) wheel
9. (B) gas station　10. (B) priority seat

# ◆Unit 14◆
# 笑えない conte ってあるの？

◆◆◆ この Unit ではテレビや音楽などに関する言葉を学ぼう！。

## STEP 1　どっちが正しい英語？

音声を聴いて、1〜10のカタカナ英語に対する正しい英語表現は(A)と(B)のどちらか考えよう。
そのあとで56ページ下部の正解を見て答え合わせをしよう。

1. ダビングする　　　　　　　　(A)　　(B)
2. サイン　　　　　　　　　　　(A)　　(B)
3. コント　　　　　　　　　　　(A)　　(B)
4. マスコミ　　　　　　　　　　(A)　　(B)
5. 昼メロ　　　　　　　　　　　(A)　　(B)
6. モノクロ　　　　　　　　　　(A)　　(B)
7. テレビタレント　　　　　　　(A)　　(B)
8. コンクール　　　　　　　　　(A)　　(B)
9. ワイド・ショー　　　　　　　(A)　　(B)
10. ライブ　　　　　　　　　　　(A)　　(B)

### 基本動詞を学ぼう　⑭ listen / hear

基本的に listen は「（聞こうと思って）聞く」、hear は「聞こえる」という意味だ。
＊ for には、「〜を求めて」という意味がある。前置詞の使い分けに注意しよう。
　　listen to 〜 =「〜を聞く」、　listen for 〜 =「〜を聞こうとする（耳を澄ます）」

**Let's Try!**　1〜4の(　　)に listen または hear を適当な形に直して書き入れよう。

1. Yesterday I (　　　　) her playing the music in the next room.
2. Tom (　　　　) to music every night.
3. Just (　　　　)! Can't you (　　　　) a baby crying somewhere?
4. The boy put his ear to the door to (　　　　) for his mother's footsteps.

# STEP 2 英作文ウォーミングアップ

1~10の英語表現とヒントの語群を参考にして、次のフレーズを英語にしよう。
*文ではないので、小文字で書き始めること。

11. DVDをダビングする
    (           ) a DVD

12. 有名歌手のサインをもらう
    (           ) a famous singer's (           )

13. コントを演じる
    (           ) a (           )

14. マスコミで働く
    (           ) in (           ) (           )

15. 昼メロを見る
    (           ) a (           ) (           )

16. モノクロの映画
    a (           ) and (           ) movie

17. テレビタレントになる
    (           ) a TV (           )

18. コンクールに出場する
    (           ) in a (           )

19. ワイドショーに出演する
    (           ) in a (           ) (           ) (           )

20. ライブに行く
    (           ) to a (           ) (           )

ヒント： appear   become   get   go   participate   perform
        watch   work

# STEP 3 英作文にチャレンジ！

11~20の英語表現を参考にして、次の日本文を英語にしよう。

21. あなたにこのDVDをダビングしてもらいたい。（巻末付録Vを参考にして）

　　..................................................................................................................................

22. 私のいとこはその有名歌手のサインをもらって大喜びだった。
　　　　　　　　　　　　　　　　　　　　　　　（happy）（巻末付録Vを参考にして）

　　..................................................................................................................................

23. 私たちは学園祭でコントを演じた。（school festival）

　　..................................................................................................................................

24. 私の姉は10年以上もマスコミで働いている。（more than ~）

　　..................................................................................................................................

25. 昼メロを見て泣いているのを見つかった。（catch+人+~ing）

　　..................................................................................................................................

26. 『七人の侍』はもっともすぐれたモノクロ映画の中の1つだ。
　　　　　　　　　　　　　　　　　　（*Seven Samurai*）（巻末付録VIIIを参考にして）

　　..................................................................................................................................

27. テレビタレントになりたいと父に言ったが、父は「とんでもない」と言った。
　　　　　　　　　　　　　　　　　　　（tell+人+that-節，"No way."）

　　..................................................................................................................................

28. アンドレアは国際的なピアノ・コンクールに出場して優勝した。（win first prize）

　　..................................................................................................................................

29. 私の隣人は明日の午後ワイドショーに出演することになっている。

　　..................................................................................................................................

30. 昨日のライブはおもしろかったですか。（have a good time）

　　..................................................................................................................................

## Listening Practice 🎧42

音声を聴いて、(    ) に書き入れよう。

Stefanie: Grandpa, have you ever met a TV ¹(            )?
Grandpa: Yes, I once met Ed Sullivan. I got his ²(            )!
Stefanie: Who's Ed Sullivan?
Grandpa: You don't know him? He was a famous variety show host!
Stefanie: Like a ³(            ) talk show?
Grandpa: No! Much better. He did skits and ⁴(            ) and had musical guests.
Stefanie: When did he start?
Grandpa: In the days of black and ⁵(            ) TV. Wow, that's 50 years ago! Now I feel really old!

## Vocabulary 🎧43

問 1, 2 の (A)~(E) の英訳は何だろうか。音声を聴いて答えの番号を書き入れよう。

問1 (A) 連続ドラマ (    )　(B) 連続ホームコメディ (    )　(C) クラシック音楽 (    )
　　(6~10回程度)　　　　 (長期間)

　　(D) 字幕スーパー (    )　(E) アンコール (    )

問2 (A) 再放送 (    )　(B) 生放送の (    )　(C) 録画する (    )

　　(D) 視聴率 (    )　(E) ゴールデン・アワー (    )

---

**英語豆知識　英語は類義語が多い**

英語には同じような意味をもつ単語（類義語）が非常に多い。これは、英語が成立する過程において、古くにブリテン島に侵入したアングロサクソン人が話していたアングロサクソン語（古英語）に加えて、ラテン語、古フランス語、ノルド語（スカンジナビア諸国の言語）など複数の国々の言語が大量に流入したからである。

ふつう、ラテン語語源の単語はやや堅苦しい言葉であることが多い。たとえば、「汗をかく」は sweat とも perspire とも言うが、sweat は古英語に由来する単語であり、perspire はラテン語に由来する言葉だ。英作文の際にはいくつかある類義語のうち基本的なものを覚えておけばとりあえずは事足りるだろう。

---

**p.53 Step 1 どっちが正しい英語？——正解**

1. (B) copy   2. (A) autograph   3. (A) skit   4. (B) mass media   5. (A) soap opera
6. (A) black and white   7. (A) TV personality   8. (A) contest
9. (A) tabloid talk show   10. (B) live concert

# Unit 15
## Revenge は誰にするもの？

✦✦✦ この Unit では使い方をまちがえやすい和製英語について学ぼう！

## STEP 1 どっちが正しい英語？ 🎧44

音声を聴いて、1〜10のカタカナ英語に対する正しい英語表現は(A)と(B)のどちらか考えよう。そのあとで60ページ下部の正解を見て答え合わせをしよう。

1.  キャッチホン　　　　　　　　(A)　　(B)
2.  リベンジ（＝再挑戦）　　　　(A)　　(B)
3.  マンツーマン　　　　　　　　(A)　　(B)
4.  ハイタッチ　　　　　　　　　(A)　　(B)
5.  プラスアルファ　　　　　　　(A)　　(B)
6.  アポ　　　　　　　　　　　　(A)　　(B)
7.  イメージアップ　　　　　　　(A)　　(B)
8.  アンケート　　　　　　　　　(A)　　(B)
9.  スキンシップ　　　　　　　　(A)　　(B)
10. チャレンジする　　　　　　　(A)　　(B)

---

### 基本動詞を学ぼう　⑮ come / go

Come は「来る」、go は「行く」を意味するとは限らない。次のように覚えておこう。

　come = ある場所（状態）（関心の中心）へ近づく
　go = ある場所（状態）（関心の中心）から離れる

　例）I'll come and see you at your office on Tuesday.　火曜日にあなたの会社に行きます。
　例）"The breakfast is ready." "I'm coming."　「朝ご飯ができましたよ」「今行きます」

Come と go は形容詞を伴い、「〜（の状態）になる」の意味も表す。この場合、come はふつう「望ましい状態」になる場合に用い、go はふつう「望ましくない状態」になってしまい、もとに戻らない場合に用いる。

**Let's Try!** 1〜2の（　）に come か go のどちらかを適当に変化させて入れよう。
1. My dream has finally (　　　　) true.
2. He (　　　　) blind at the age of 19.

# STEP 2　英作文ウォーミングアップ

1~10 の英語表現とヒントの語群を参考にして、次のフレーズを英語にしよう。
*文ではないので、小文字で書き始めること。

11. キャッチホンが入る
    get (　　　　) (　　　　　)

12. 次の試合で彼にリベンジする
    (　　　　) to (　　　　) him at the (　　　　) match

13. マンツーマンで英語を習う
    (　　　　) English (　　　　)-on-(　　　　)

14. ハイタッチする
    (　　　　) (　　　　) fives

15. プラスアルファが必要である
    (　　　　) (　　　　) (　　　　)

16. アポをとりつける
    (　　　　) an (　　　　)

17. イメージアップしそこなう
    (　　　　) to (　　　　) one's (　　　　)

18. アンケートをとる
    (　　　　) a (　　　　)

19. スキンシップをする
    have (　　　　) (　　　　)

20. いろいろなことにチャレンジする
    (　　　　) a lot of things

ヒント： beat　distribute　fail　get　give　learn　need　next

## STEP 3　英作文にチャレンジ！

11~20 の英語表現を参考にして、次の日本文を英語にしよう。

21. キャッチホンが入りました。ちょっとそのままでお待ちください。
(hear one's call waiting, hold the line)

22. 先日の試合では負けてしまったけど、次の試合で彼にリベンジするつもりだ。
(lose the match, the other day)

23. マンツーマンで英語を習っている人はとても少ない。(very few ~)

24. 彼がホームインすると、選手たちがハイタッチをした。(get to home base)

25. あなたの履歴書はよさそうだが、この不景気で就職するためにはプラスアルファが必要だ。
(resume, look, in this recession)

26. 何度も電話をしてやっと彼とアポをとりつけることができた。
(again and again, finally, manage to- 不定詞)

27. その政治家はイメージアップしそこない、2度目の選挙で落選した。
(lose one's second election)

28. アンケートをとるのを手伝ってくれませんか。

29. 子どもが小さいときにスキンシップをとることはとても大事だ。(very young)

30. 大学時代にいろいろなことにチャレンジするべきです。(university student)

## Listening Practice 🎧 45

音声を聴いて、(　　　) に書き入れよう。

Gina: Hi Rebecca, how's it going?
Rebecca: I'm really ¹(　　　　　). I have a one-on-one job interview next week with Eagle Airlines!
Gina: I remember you filling out their ²(　　　　　). Are you ready?
Rebecca: Maybe, but I need something extra to make them remember me.
Gina: How about a new hairstyle? My new salon is great, and not ³(　　　　　).
Rebecca: I tried to go last week but they were too busy!
Gina: You have to make an ⁴(　　　　　).
Rebecca: I called, but they didn't answer. I got their call-waiting tone again and again!
Gina: Try again. ⁵(　　　　　) your image will make you feel better at the interview!

## Vocabulary 🎧 46

問1, 2 の (A)～(E) の英訳は何だろうか。音声を聴いて答えの番号を書き入れよう。

問1　(A) うれしい (　)　　(B) くやしい (　)　　(C) 悲しい (　)
　　　(D) さみしい (　)　　(E) こわい (　)

問2　(A) (みっともなくて) 恥ずかしい (　)　　(B) みじめだ (　)
　　　(C) イライラする (　)　　(D) 楽しい (　)　　(E) 緊張している (　)

---

**英語豆知識　己を知るために**

　ひとりひとりの人間にとって、人生における大きな課題のひとつは「己を知る」ことである。人は自分と他人を比較することではじめて自分という人間がどういう人間か知ることができる。
　外国語を学ぶということは、自分のものの見方・価値観とは異なる見方・価値観を知るということだ。「英語は世界共通語だから」、「英語はビジネスに役に立つ」という理由で英語を学ぶ人は多いが、たとえ日常生活で必要がなくても、英語や他の外国語を学ぶということは己を知る上でとても役に立つことなのである。

---

**p.57 Step 1　どっちが正しい英語？――正解**

1. (A) call waiting　2. (A) try again　3. (B) one-on-one　4. (A) high five
5. (A) something extra　6. (B) appointment　7. (B) improve one's image
8. (A) questionnaire　9. (B) physical intimacy　10. (B) try

# 巻末付録 I　不規則動詞の活用

主な不規則動詞は下の表の通りである。何度も発音して、しっかり暗記しよう。

| 原形（意味） | 過去形 | 過去分詞形 | 活用のパターン |
| --- | --- | --- | --- |
| be [am, are, is]（~である） | was / were | been | ABC |
| become（~になる） | became | become | ABA |
| begin（始める） | began | begun | ABC |
| bring（持ってくる） | brought | brought | ABB |
| buy（買う） | bought | bought | ABB |
| catch（つかまえる） | caught | caught | ABB |
| come（来る） | came | come | ABA |
| cut（切る） | cut | cut | AAA |
| do [does]（する） | did | done | ABC |
| draw（描く、引く） | drew | drawn | ABC |
| drink（飲む） | drank | drunk | ABC |
| drive（運転する） | drove | driven | ABC |
| eat（食べる） | ate | eaten | ABC |
| fall（落ちる、倒れる） | fell | fallen | ABC |
| feel（感じる） | felt | felt | ABB |
| fight（戦う） | fought | fought | ABB |
| find（見つける） | found | found | ABB |
| fly（飛ぶ） | flew | flown | ABC |
| forget（忘れる） | forgot | forgotten (forgot) | ABC, ABB |
| get（得る、~になる、移動する） | got | got (gotten) | ABB, ABC |
| give（与える） | gave | given | ABC |
| go（行く） | went | gone | ABC |
| grow（育つ、育てる、~になる） | grew | grown | ABC |
| have [has]（持っている） | had | had | ABB |
| hear（聞こえる） | heard | heard | ABB |
| hit（打つ） | hit | hit | AAA |
| hold（手に持つ、開催する） | held | held | ABB |
| hurt（傷つける、痛む） | hurt | hurt | AAA |
| keep（保つ、~し続ける） | kept | kept | ABB |
| know（知っている） | knew | known | ABC |
| leave（去る、残す） | left | left | ABB |
| lend（貸す） | lent | lent | ABB |
| lie（横になる） | lay | lain | ABC |

| | | | |
|---|---|---|---|
| lose（失う） | lost | lost | ABB |
| make（作る、～になる、～させる） | made | made | ABB |
| meet（会う） | met | met | ABB |
| oversleep（寝坊する） | overslept | overslept | ABB |
| pay（支払う） | paid | paid | ABB |
| put（置く） | put | put | AAA |
| read（読む） | read（発音に注意） | read（発音に注意） | ABB |
| ride（乗る） | rode | ridden | ABC |
| rise（上がる、昇る） | rose | risen | ABC |
| run（走る） | ran | run | ABA |
| say（言う） | said | said | ABB |
| see（見える、会う） | saw | seen | ABC |
| sell（売る） | sold | sold | ABB |
| send（送る） | sent | sent | ABB |
| set（据える） | set | set | AAA |
| shoot（撃つ、急上昇する） | shot | shot | ABB |
| show（見せる） | showed | shown (showed) | ABC, ABB |
| sing（歌う） | sang | sung | ABC |
| sit（座る） | sat | sat | ABB |
| sleep（眠る） | slept | slept | ABB |
| speak（話す） | spoke | spoken | ABC |
| spend（(金・時間を) 使う） | spent | spent | ABB |
| spread（広げる、広がる） | spread | spread | AAA |
| stand（立っている） | stood | stood | ABB |
| swim（泳ぐ） | swam | swum | ABC |
| take（取る、選ぶ、必要とする） | took | taken | ABC |
| teach（教える） | taught | taught | ABB |
| tell（言う、話す） | told | told | ABB |
| think（思う、考える） | thought | thought | ABB |
| throw（投げる） | threw | thrown | ABC |
| understand（理解する） | understood | understood | ABB |
| wear（身に着けている） | wore | worn | ABC |
| write（書く） | wrote | written | ABC |

## 巻末付録Ⅱ　助動詞

「〜できる」、「〜しなくてはならない」などの意味を表したいときには助動詞を使おう。

❶「〜できる」など、〈可能〉を表すには、can や be able to- 不定詞を用いるとよい。

❷「〜しなければならない」、「〜する必要がある」など、〈義務・必要〉を表す言い方には must, should, have (has, had) to, need to（または need のみ）などがある。

下に変化形とその意味を整理しておく。

|   | 現在の事柄について言う場合 | 過去の事柄について言う場合 |
|---|---|---|
| 1 | have to ~ 「〜しなければならない」 | had to ~ 「〜しなければいけなかった」 |
| 2 | should ~ 「〜しなければならない」 | should have+ 過去分詞「〜しなければいけなかった（のにしなかった）」 |
| 3 | must ~ 「〜しなければならない」 | |
| 4 | need to ~ 「〜する必要がある」 | needed to ~ 「〜する必要があった」 |

* shall の過去形も should である。同じ形なので気をつけよう。
* need は助動詞としても用いられるが、否定文・疑問文に限る。
  例）You need not go there. ○　You need go there. ×
* should と must は〈推測〉を表すのにも用いられる。
  should「きっと〜するはずだ（期待を込めた言い方）」
  　例）He should be there in a minute.
  should have + 過去分詞「きっと〜したはずだ」
  must「〜にちがいない」
  must have + 過去分詞「〜したにちがいない」

❸「〜してくれませんか」など、〈依頼〉を表す表現には、主に次のようなものがある。
　Won't you ~?　　Will you ~?　　Can you ~?

❹〈許可〉を求める表現には、主に次のようなものがある。
・Can I ~?（ややくだけた表現）　　・May I ~?（ていねいな表現）
・Could I ~?（さらにていねいな表現）　・Would you mind if ~?（非常にていねいな表現）

答えの文としては　Yes, you may [can]. / Yes, of course. / Certainly.
＊"Yes, you could." とは言わない。

❺〈提案〉を表すには shall I (we) ~? を用いる。例）Shall I open the window?

❻〈勧誘〉を表すには Will you ~ や Won't you ~? を用いる。
　例）Won't you come to the party?

# 巻末付録Ⅲ　接続詞

「～して、…した」、「～なので、…だ」などといった長い文を英訳するときには、前半と後半をそれぞれ英語にしてから、接続詞で結ぶとよい。

２つの節（主語と述語動詞から成る意味のまとまり）を結ぶ接続詞には、等位接続詞と従属接続詞の２種類がある。

### ❶ ２つの節を対等につなぐ接続詞（等位接続詞）（and, but, or, for, so）

例）He went to the dance, but I stayed home

上の英文の構造のイメージを図にすると、下のようになる。

| He went to the dance | but | I stayed home. |　２つの節は対等な関係

等位接続詞には次のようなものがある。

| | |
|---|---|
| and | 「～、そして…」、「～と…」 |
| but | 「～、だが…」 |
| or | 「～、または…」「～、そうでなければ…」 |
| for | 「～、というのは…」（節と節のみを結ぶ） |
| so | 「～、それで…」（節と節のみを結ぶ） |

＊ and, but, or は語と語、句と句も結ぶ。

例）Which do you like better, cats or dogs?
例）There are books on the bed and under the desk.

### ❷ 従属する節を導く接続詞（従属接続詞）

例）If it is fine tomorrow, I'll go fishing.

上の英文の構造のイメージを図にすると、下のようになる。

| If it is fine tomorrow, | I'll go fishing. |　if に導かれる節は、主節に従属している

従属接続詞には次のようなものがある。

| | |
|---|---|
| if | 「～ならば」、「～かどうか」 |
| though [although] | 「～だけれども」 |
| as | 「～なので、～につれて」 |
| since | 「～以来、～なので」 |

when 「〜のときに」
because 「〜だから」

例）<u>As</u> it was raining, I didn't go out.
　　I have been studying English <u>since</u> I was 8 years old.

* if には「〜かどうか」という意味もある。

　I don't know <u>if</u> he will come to the party.　彼がパーティに来るかどうか私は知らない。

* 従属接続詞に導かれる節は主節の前に来る場合と後ろに来る場合がある。

　例）<u>When</u> I was young, I liked rock music.
　　＝ I liked rock music <u>when</u> I was young.

* 次のような語句は従属接続詞の働きをする。

　　now that 〜　「いまや〜なので」
　　next time 〜　「次に〜するときには」
　　the moment 〜　「〜したとたんに」
　　例）<u>Now that</u> you are an adult, you should make your own living.

* 省略される従属接続詞 that

　that は「〜ということ」という意味をもつ接続詞。省略されることが多い。

　I believe (that) he is honest.　私は彼が正直だと信じる。
　私は【彼が正直だということ】を信じる。

　この英文の構造のイメージを図にすると、下のようになる。

　| I think | (that) he is honest. |

# 巻末付録Ⅳ　to-不定詞（名詞用法）・動名詞

「～したい」を want do ~、do want ~ などと表すことはできない。英語では動詞をそのままの形で2つつなげることはできないからだ。そういうときには to-不定詞を使おう。

### ❶ to-不定詞（名詞用法）
「～したい」、「～し忘れる」、「～しようとする」などの表現は、次のように考えよう。

　　「～したい」　　　＝「～することを欲する」⇒ want to-不定詞
　　「～し忘れる」　　＝「～することを忘れる」⇒ forget to-不定詞
　　「～しようとする」＝「～することを試みる」⇒ try to-不定詞

「～すること」は to-不定詞で表そう。したがって、次のように書けばよい。

　　「～したい」　　　= want to-不定詞
　　「～し忘れる」　　= forget to-不定詞
　　「～しようとする」= try to-不定詞

　　例）I want to go to the party.　そのパーティに行きたい。

　　＊ to-不定詞が主語になる場合には、仮主語 it を文頭に置くことが多い。（特に、主語に修飾語句がついて主部が長くなっている場合）
　　　To play tennis after school is fun. ⇒ It is fun to play tennis after school.

### ❷ 動名詞
~ing も「～すること」という意味で用いられる（動名詞）。「（過去に）～したこと」というニュアンスをもつことが多い。一方、to-不定詞は「（今から）～すること」というニュアンスをもつ。

　　例）I forgot <u>locking</u> the door.　　鍵をかけたことを忘れた。（鍵をかけた）
　　　　I forgot <u>to lock</u> the door.　　　鍵をかけ忘れた。（鍵をかけていない）

　　＊ 前置詞の後には to-不定詞を用いることはできない。
　　　例）I'm fond of <u>playing</u> tennis. ○　テニスをするのが好きだ。
　　　　　I'm fond of <u>to play</u> tennis. ×

　　　例）I feel like <u>taking</u> a walk in the park.　公園に散歩に行きたい気分だ。
　　　　　（like は前置詞「～のように」）

　　＊ 動詞によっては、to-不定詞を伴えないもの、逆に、動名詞を伴えないものがある。英作文の際には辞書で確認しよう。
　　　　例）I enjoy <u>playing</u> tennis. ○　　I enjoy <u>to play</u> tennis. ×
　　　　例）I want <u>to play</u> tennis. ○　　I want <u>playing</u> tennis. ×

# 巻末付録Ⅴ　to-不定詞（形容詞用法・副詞用法・その他の用法）

「〜するための」、「〜するために」、「〜したので」なども不定詞で表すことができる。

## ❶ 形容詞用法

「〜するための…」、「〜するべき…」、「〜できる…」などの表現には to-不定詞を用いるとよい。

　　例）I need something to drink.　「飲むための何か」⇒「何か飲むもの」⇒「飲み物」

　　　　to drink は名詞 something を修飾している。名詞を修飾するものは形容詞なので、形容詞用法と呼ばれる。

## ❷ 副詞用法（その1）

「〜するために（…する）」などの表現にも to-不定詞を用いる。

　　例）I went to the library to study English.　「英語を勉強するために」

　　　　to study English は動詞 went を修飾している。動詞を修飾するものは副詞なので、副詞用法と呼ばれる。

　　　　＊副詞は原則として名詞以外のもの（動詞・形容詞・副詞・句・節など）を修飾する。

## ❸ 副詞用法（その2）

「〜して…」、「〜したので…」など、〈理由・原因〉を表す場合にも to-不定詞を用いることができる。

　　例）She was very sad to hear the news.　彼女はその知らせを聞いてたいへん悲しんだ。

　　　　＊〈理由・原因〉を表す to-不定詞で修飾される語句はふつう「嬉しい」、「悲しい」など、〈喜怒哀楽〉を表す言葉である。

## ❹ 副詞用法（その3）

sure（確かに〜する）、careful（〜するよう注意する）、enough（〜するほど十分な）など、ある特定の形容詞は to-不定詞によって修飾されることがある。

　　例）Be sure to lock the door.　必ずドアに鍵をかけなさい。

## ❺ その他の用法

「（人に）〜するよう言う」、「（人に）〜するよう頼む」などの表現は次のように表す。

　　tell+人+to-不定詞　例）I told him to be quiet.　私は彼に静かにするように言った。
　　ask+人+to-不定詞　例）I asked him to be quiet.　私は彼に静かにするように頼んだ。

　　　　＊この形をとる動詞は他にも多数ある。辞書で調べるときには、必ず用法を確認しよう。
　　　　　例）advise（忠告する）、permit（許可する）、force（強制する）など。

## 巻末付録Ⅵ　受動態

「～される」、「～された」、「～されている」などの受け身の意味は〈be 動詞 + 過去分詞〉を用いて表す。「～によって」は原則として〈by+ 人〉で表す。

能動態の文を受動態の文に変えるときには、下のようにすればよい。

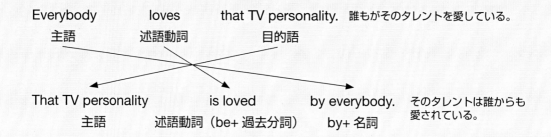

\* Be 動詞の時制は元の文と同じにすること。

例) Everybody <u>loved</u> that TV personality. ⇒ That TV personality <u>was loved</u> by everybody.
　　　　　　過去形　　　　　　　　　　　　　　　　　　　be 動詞の過去形 + 過去分詞

\* 〈teach + 人 + 物〉のように、目的語を２つ取る文型（第４文型）の場合には、余った目的語は述語動詞の後に置けばよい。

　　Mr. Brown taught <u>us</u> <u>English</u>. ⇒ I was taught <u>English</u> by Mr. Brown.
　　　　　　　　　　　　　　　　　　⇒ English was taught (to) us by Mr. Brown.

　　　　\* 〈人〉の部分が後ろに置かれるときには、to を伴うことがある。

# 巻末付録Ⅶ　使役構文

「～させる」、「～してもらう」などの意味を表すには使役構文を用いる。

## have

❶《have + 目的語（人）+ 動詞の原形》「（人）に～させる、してもらう」
　例）I **had** a repairman fix the air-conditioner.　修理屋にエアコンを修理してもらった。
　　＊目的語になるのは、目下の人やその仕事に携わっている人

❷《have + 目的語（物・事柄）+ 過去分詞》「…を～してもらう、させる」
　例）I **had** the air-conditioner fixed.　エアコンを修理してもらった。
　　＊「（自分の物を）～される」という〈被害〉の意味で用いることもある。
　例）I **had** my purse stolen in the shop.　店の中でバッグを盗まれた。

❸《have + 目的語（人）+ 現在分詞 (～ing)》「（人）に～させる、してもらう、～させておく（通例、否定文で）、～される」
　例）I won't **have** you insulting my sister in public.
　　妹を公衆の面前で侮辱されるのを放ってはおけない。

## make

❶《make + 目的語（人）+ 動詞の原形》「（人）に～させる」
have よりも強制的な感じが強い。
　例）He **made** his son wash his car.　彼は息子に車を洗わせた。
　　＊主語は人でない場合もある。
　例）Your smile always **makes** me happy.　あなたの微笑はいつも私を幸せにする。
　　＊受動態にしたときには動詞の原形は to- 不定詞の形になる。
　例）He was made to clean the room by himself.　彼はひとりで部屋を掃除させられた。

❷《make + 目的語（物・事柄）+ 過去分詞》「…を～（の状態）にする」
　例）I couldn't **make** myself understood in English.
　　私は英語で意味を通じさせることができなかった。

## get

❶《get + 目的語（人）+ to- 不定詞》「…に～させる、してもらう」
　例）He **got** his son to type his letter.　彼は息子に手紙をタイプしてもらった。

❷《get + 目的語（物・事柄）+ 過去分詞》「…を～（の状態）にする」
　例）I **got** my room cleaned.　私は部屋を掃除してもらった。

## let

❶《let + 目的語（人）+ 動詞の原形》「（人）に～させてあげる」〈許可〉
　例）She won't **let** her daughter go out alone at night.
　　彼女は娘を夜ひとりで外出させようとしない。

# 巻末付録Ⅷ　比較

〈比較〉を表す文では、必ず次の2つの点をおさえよう。

① 何と何を比較しているのか。
② どんなことについて比較しているのか。

例1)　Jane is studying French as hard as Tom.
　　　ジェインはトムと同じくらい一所懸命にフランス語を勉強している。

例2)　Jane is studying French harder than German.
　　　ジェインはドイツ語よりもフランス語の方を一所懸命に勉強している。

比較の文を作るときには、2つの文を作ってからそれをつなげ、ダブっている部分を削ると良いだろう。上の例文を作る場合は次のようにする。

例1)　**Jane** is studying French hard.
　　　**Tom** is studying French hard.
　　　　　↓
　　　Jane is studying French as hard as Tom ~~is studying French hard~~.
　　　　　↓
　　　Jane is studying French as hard as Tom.

例2)　Jane is studying **French** hard.
　　　Jane is studying **German** hard.
　　　　　↓
　　　Jane is studying French harder than ~~Jane is studying~~ German ~~hard~~.
　　　　　↓
　　　Jane is studying French harder than German.

比較級・最上級になるのは、形容詞と副詞だけである。作り方の原則は次の表の通り。

## ❶ 規則活用

| 形容詞・副詞 | 作り方 | 例 |
|---|---|---|
| 1音節の語の大部分および2音節語の大半 | 原級の語尾に -er、-est をつける | small–smaller–smallest<br>＊「短母音＋1子音字」で終わる語は、その子音字を重ねる<br>　例）hot・hotter・hottest,<br>「子音字＋y」で終わる語は、y を i に変える。<br>　例）dry・drier・driest,<br>　　　early・earlier・earliest |
| 2音節の語の一部および3音節以上の語 | more, most をつける | popular・more popular・most popular<br>exciting・more exciting・most exciting |

## ❷ 不規則活用

| 原級 | 比較級 | 最上級 |
|---|---|---|
| good, well | better | best |
| bad, ill | worse | worst |
| little | less | least |
| many, much | more | most |

＊音節の数を知りたいときには、英和辞書の見出し語につけてある中黒点で音節の区切り目を確認しよう。2音節の語については、ほとんどの辞書には比較級と最上級が明示してある。

From Japanese English to Natural English
3ステップ式 日常英語ライティング・リスニング

[検印廃止]

2015年2月1日 初版発行　2019年3月20日 第3刷発行

著　者　　高 本 孝 子
　　　　　Ｆｒａｎｋ　Ｂａｉｌｅｙ
発行者　　安 居 洋 一
組　版　　ほ ん の し ろ
印刷・製本　創 栄 図 書 印 刷

〒162-0065　東京都新宿区住吉町 8-9
発行所　開文社出版株式会社
TEL 03-3358-6288　FAX 03-3358-6287
http://www.kaibunsha.co.jp

ISBN978-4-87571-159-9 C1382